新創區位經濟

THE NEW GEOGRAPHY OF JOBS

城市的產業規劃決定工作的新未來

著——恩里科·莫雷蒂
譯——王約

WRITTEN BY

ENRICO MORETTI

◆目錄◆

推薦序

產業版圖與城市工作風貌

東方廣告董事長／創河塾塾長　溫肇東

本書原名為「工作的地理學」（The New Geography of Jobs），一般地理學包括了「自然地理」和「人文經濟地理」。一九九一年我在「牛津零售管理學院」訪問研究時，該機構裡的研究員有多位是「地理學」博士；當時英國的零售產業環境是柴契爾夫人（Margaret Thatcher）對土地使用區分開始放寬、大型連鎖店和購物中心快速在城市郊外擴張的時期，很多城市如：曼徹斯特、伯明罕、利物浦都想從工業轉型到服務業。我有機會和他們一起到各城市實地去了解這些動向，對當時英國城市的風貌有了一定的認識。

之後工黨首相布萊爾（Tony Blair）推出「創意產業」及歐盟的「歐洲文化首都」等計畫，都市的產業政策如何影響經濟和就業，可以做為本書的英國補充版。城市產業的更替，對城市工作所得、生活風貌的影響，是美國特殊的現象？還是一個跨社會文化的普世規則？

作者透過幾個大家熟悉的美國城市：矽谷、波士頓、西雅圖，探討它們興起及轉型的經過，更強調「新創事業」對就業和薪資的比較，對人才、人力的供需及群聚效果做了很多論述。因我二度留學，透過生活過的城市，也有機會目睹作者想要傳達的訊息。一九七五年我到紐約上州羅徹斯特（Rochester）念碩士時，它是號稱「光學之都」的城市，柯達（Kodak）有五萬名員工，全錄（Xerox）則有近二萬人，還有博士倫（Bausch & Lomb Place）都是主要的雇主，幾家公司的員工和其家庭成員，城市一半以上的商家幾乎都在為這些人服務，在一個八十多萬人的都會區裡，這算是一個顯著的產業特色。

但物換星移，科技轉向數位，柯達逐漸殞落，今日羅徹斯特大學（University of Rochester）和其醫學院、醫院變成最大雇主。在知識經濟掛帥的年代，認真辦學的高等教育能成為城市衰敗時的中流砥柱，知識的「生產」、「加值」、「擴散」，大學孕育出來的生態不像工廠容易被拔除、遷移，又能吸引創意人才群聚於大學城，蓄積下一個新創產業、企業的潛力，這也是臺灣目前在推大學社會責任（University Social Responsibility，USR）的一個重要思路。

另一個例子是賓州的匹茲堡，從十九世紀起，經歷過紡織、鋼鐵等重要產業，目前在數位經濟時代，因卡內基美隆大學（Carnegie Mellon University）領導的科研成果、人才及新創事業，使匹茲堡成為資訊產業的重鎮之一。經歷過城市幾個產業興衰的匹茲堡大學裡還有個「工業考古學系」（Industrial Archaeology），來研究「在地」幾個消失的產業留下了什麼有形、無形的資產，並藉訪古而知今，甚至未來。

這些城市的故事在理查・佛羅里達（Richard Florida）的《創意新貴I & II》及《尋找你的幸福城市》等書也都曾以不同的角度被描述與捕捉過。理查・佛羅里達用的是「3T」的概念：人才（Talent）、科技（Technology）、容忍（Tolerance），後來還加了第四個「風土」（Territory Assets）。本書的軸線比較聚焦在「新創事業」帶來的「就業乘數效果」，比傳統製造業來得多，尤其是周邊服務業不只在數量上增多，也反映在薪資上。因為科技新創公司通常專注在其核心，其他的周邊功能會仰賴當地的產業生態，所以新創產業會集中在一些特定條件的地區，而群聚後又帶動相應的服務業，造成地價上漲。

把鏡頭轉回臺灣，看看是否適用？以新竹為例，新竹科學園區、工研院、清華、交大的產學研「創新三螺旋」（Triple Helix），超過四十年演化成的生態體系，使新竹市成為一個「三高一低：所得高、學歷高、生育率高、平均年齡低」的城市。回想三十年前在竹科工作的高階主管，週末還得回臺北超市採購一週所需的生鮮、民生用品，因當年新竹還沒有一家超市。南科和中科的成立也有部分效果，使這二個都會區的人口止跌，在就業版圖上有了新的風貌，但為何無法達到像新竹的效果？

但若我們再進一步仔細看新竹服務業的薪資是否也全國第一？其實好像沒有像矽谷那樣的誇張，因新竹離臺北不遠（尤其有高鐵之後），竹北的地價和生活圈吸引很多人買房居住，比較高端的消費、服務，光靠新竹市的「科技新貴」數量還不足以支撐；另外，就工程師及一般市民的工作、生活開支及消費習慣也有關，新竹就不像臺中可以創造出很多新型態的餐飲。

美國地理廣大、都市間就業差異顯著，引發的生活消費與流動性的貧富不均，不太能在地域環境迥異的臺灣找到相同的現象。新竹已在臺北的一日生活圈內，甚至去臺中歌劇院、高雄衛武營也可當日來回。臺灣六都之間固然房地產的價格差異反映了產業構成和人口結構，但更微觀的生活開支、消費水平及薪資雖有落差，相差幅度卻沒有美國那麼誇張。

三十年前就有一本相關的書《無處的地理》（*The Geography of Nowhere*）指出美國的地理太廣闊，水電、瓦斯、電信等民生公共設施要普及到「過疏地方」的成本很高。而二戰後美國住宅的郊區化，彼此越住越遠，因此有嚴重的「基礎建設赤字」（Infrastructure

Deficit），美國郊區低密度住宅的生活方式是不可能持續下去的「地理」。

在東亞地區，如：新加坡、首爾、東京、北京、上海，人口往城市集中，人均基礎建設的投資效率很高，因此在網際網路、甚至未來5G的普及及各種創新擴散可能更快；但因都市的進步和方便，導致農村鄉下人口往城市集中，產生「地方消滅」或滅村的危機，而「地方創生」的倡議，將是亞洲地區城鄉地理演變的另一種挑戰。

緒論

加州聖馬刁郡（San Mateo County）的門洛公園（Menlo Park），位於矽谷核心地帶生氣勃勃的一個社區，與史丹佛大學碧草如茵的校園及一眾矽谷最蓬勃的高科技公司，相距僅數分鐘路程。周遭全是加州幾個最富裕的郵遞區號，這裡的街道櫛比鱗次盡是中世紀牧場式獨幢洋房，兼容並蓄混雜著新近興建的迷你豪宅與低矮公寓。一九六九年，大衛・布雷德洛夫（David Breedlove）還只是個青年工程師時，在門洛公園坐擁一幢洋房，而且娶妻貌美，還正準備迎接寧馨兒的誕生。布雷德洛夫熱愛他的工作，甚至婉拒了惠普公司的邀聘；惠普可是矽谷具代表性的科技巨擘。然而，他卻考慮要搬離門洛公園，遷居到一個名為維塞利亞（Visalia）的中型小鎮去。維塞利亞距離門洛公園三小時車程，坐落於以農業著稱的聖華金谷（San Joaquin Valley）谷地中央，一片平坦的乾燥平原上。當地環境是多數南加州社區的典型氣氛：寬闊大街上兩側都是低矮平房，草坪上種著灌木與棕櫚樹，偶有人家後院附帶個游泳池。此地是典型混合型氣候，夏季酷熱，七月天可高達華氏九十四度，而冬季嚴寒。

布雷德洛夫很想遷居到一個人口較少、更無污染的社區，上下班通勤時間更短些，學校也比較安全。和當時許多都市一樣，門洛公園似乎並未朝著對的方向發展。終於，布雷德洛夫辭掉工作、賣掉矽谷的房子、打包好家當，舉家搬到了維塞利亞。他並非唯一的一位。當時，許多教育程度良好的專業人士都遠離城市，遷居到較小型的社區，因為他們認為那些社區更適合生兒育女。偏偏局面的發展卻不是他們所能預料。

一九六九年，門洛公園和維塞利亞都擁有混合型的在地住民，收入高低差距甚大。維塞利亞之前是個以農立鎮的社區，既擁有大量勞動人口，也有相當多的專業人士、中產階級家庭。門洛公園則擁有大量的中產階級人口，但也同時擁有為數相當可觀的勞工和低收入家庭。這兩座城市並不完全相同——門洛公園的典型居民，教育水準似乎要比維塞利亞的典型居民來得高，且薪資所得也高出一點點——但是差異甚微。到了一九六〇年代時，兩座城市的學校擁有可堪匹敵的品質，還有類似的犯罪率，雖然門洛公園的暴力案件發生比例高些，特別是嚴重的人身攻擊犯罪。兩地的天然環境都很迷人。不過，門洛公園靠近太平洋海灘，維塞利亞則鄰近內華達山脈（Sierra Nevada）及美洲杉國家公園、及國王峽谷國家公園（Sequoia and Kings Canyon National Parks）。

今天，這兩個地方卻有了天壤之別，但不是布雷德洛夫當初想像的那樣。矽谷地區已經發展成舉世最重要的新創中心，工作機會俯拾皆是，居民的平均薪資全美排名第二。它的犯罪率很低，學區又是全加州最好的，空氣品質優良，有足足半數居民擁有大學文憑，而且許多人都有博士學位，使它躋身於全美五大教育程度最佳的都會區排行。門洛公園不斷吸引著大大小小的高科技雇主們，最近在此設置總部的臉書集團（Facebook）便是其中之一。

相反的，維塞利亞勞工擁有大學文憑的比例，卻是全美倒數第二名，幾乎沒有居民擁有研究所學位，而且平均薪資所得在美國吊車尾。它也是中央谷地唯一沒有設置四年制大學的城市，犯罪率很高，學校在結構上根本難以應付大量不諳英語的學生，情況之糟冠居全加州。維塞利亞同時也不斷被列入全美污染最嚴重的黑名單裡，尤其在夏季時，熱氣、車水馬龍加上農耕機冒的煙，惡氣沖天為它迎來全國空污第三高的臭名。

兩座城市不僅僅社區存在差異，差異甚至每年還在持續擴大中。過去的三十年來，矽谷儼然像一塊大磁鐵，吸引來自全球各地的好工作和有技能勞工。大學畢業生的比例增加了三分之二，是全美大都會裡收益高居第二的地區。維塞利亞則南轅北轍，幾乎沒有高收入的工作，而且當地勞工擁有大學文憑的比例，也已在過去三十年間有了變化——淪為全國最差。

對於像布雷德洛夫這樣高學歷、不愁沒工作的專業人士來說，在一九六九年選擇維塞利亞而非門洛公園，絕對是個說得過去的決定。但今天，這麼做卻幾乎是根本不必考慮的事。雖然兩座城市相隔不過區區兩百英里，但它們卻像是兩個不同的星球。

門洛公園和維塞利亞的天差地別並非孤例。這件事反映出美國一個更廣泛的全國性趨勢。美國的新經濟版圖呈現逐漸拉大的差距，不僅僅存在人們之間，也出現在社區之間。擁有「正確」產業和穩定人力資本基礎的少數城市，會不斷吸引好的雇主前來，提供優渥的薪水；而那些位於另一個極端的城市，產業「錯誤」，人力資本基礎有限，工作毫無前途可言，薪資平均低。這種差別——我將在本書稱之為「大分歧」（the Great Divergence）——實則根源於一九八〇年代，當時美國各大城市都開始以居民的教育水準來做定位。擁有眾多大學學歷勞工的城市會吸引更多人，但是勞工教育水準低的城市則開始喪失立錐之地。一九六九年時，維塞利亞確實擁有一小群中產階級專業人士，但如今它的居民，特別是那些近年遷入的居民，清一色做的都是毋需特殊技能的差事。門洛公園在一九六九年時有許多低收入家庭，可如今它的新居民絕大多數都有大學文憑或碩士學位，也擁有中產階級至上流階層的收入。從地理學上來看，美國勞工正逐漸依照教育線做出了分類。同時，美國的社區雖然在種族上廢除種族隔離，卻越來越根據就學與收入，有了分裂。

當然，任何國家難免有學歷高與學歷低的居民。但是今日，美國各大社區間的差異，卻是百年來最巨大的。學歷高低的分歧在勞動生產力及薪資上，同樣導致了巨大分歧。跟敬陪末座的城市裡做著相同工作的人相比，名列前茅城市裡的勞工，收入是對方的兩到三倍，而且差距還在持續擴大中。

擁有高比例具技能勞工的城市，能提供優渥的薪資，並非只是因為它們擁有眾多大學學歷的居民，雖然這些居民本來薪資就高。這一點很耐人尋味，但一點都不稀奇，可是更深層的原因有待探討。勞工的教育水準確實會影響本身的薪水，也會影響所在的整個社區。大量大學學歷的居民湧現，會以深刻的方式改變地方上的經濟，同時影響工作機會的種類，以及住在當地的每位勞工的生產力，包括那些低技能者。結果，不僅技能勞工所得高，多數勞工也跟著賺得多。

個人認為大分歧是美國在過去三十年來最重要的一個演變。我們將會發現，經濟成長的差異分裂了美國的社區，並非偶然發生，而是深植的經濟力所造成的必然結果。比起傳統產業更有過之而無不及的是，知識經濟具有一種內在的傾向，在地理上會出現群聚現象。在這樣的局面下，第一優勢舉足輕重，而且未來深深取決於過往。一個城市的成功會聚合更多的成功，因為能吸引具技能勞工和鐵飯碗的社區，往往能吸引更多人事物。無法吸引技能性勞工的社區，則進一步喪失立錐之地。

美國社區越來越劇烈的分歧至關重要，不僅是分歧本身，也因為其對美國社會所帶來的意義而無法忽視。由於分歧首先衝擊經濟，而經濟也開始影響文化身分認同、健康、家庭穩定，甚至政治取向。學歷高的美國人被歸類到某些社區，學歷低的美國人則被歸類到其他社區，這擴大並加劇所有其他社會經濟上的差距。比方說，全美各地居民的預期壽命也有巨大差異，而這些差異在過去三十年間急遽擴大。不同社區的離婚率、犯罪率及政治影響力亦有天壤之別。這些趨勢正在改造我們的社會。

這段日子以來，美國的士氣相當低迷。經濟蕭條的恐慌到處蔓延，人們越來越擔憂美國在全球的地位不保，經濟前景岌岌可危。上自清楚闡述的社論觀點，下至不加修飾的電台廣播節目，從尋常理髮店閒聊到知識分子的學術專題座談，無不在議論著「美國夢已死」。在一個被政治立場明顯切割的國度裡，不論左派右派，幾乎眾口一致無不在擔憂著經濟問題。

表面上看，我們的擔憂似乎情有可原。好的工作不足。舉個例子，高中學歷的四十歲男性勞工，今天他的鐘點薪資，較一九八〇年時他父親的薪資少了百分之八，這還已經計入了通貨膨脹在內。此事意味著，和過往的世代相比，美國史無前例的，一般勞工首度經歷生活水準毫無改善的境況。事實上，幾乎每一項數據都糟透了。不止如此，貧富差距狀況越演越烈。對未來的憂心成了各地新興的流行病。

但是，相較於目前爭議的內容，經濟景況更為複雜、更耐人尋味，也更教人瞠目結舌。美國的勞工市場正在經歷重大的轉變。有些產業與職業逐漸枯竭，而有些卻成長茁壯，還有些是初冒出頭來，卻絕對會劇烈改變全貌。更重要的是，就業地理正在以嚴重而不可逆的方式產生變化。這些趨勢遍及全國，甚至全球，就一切適用範圍而言，它們在國內不同城市和地區的影響差異極大。譬如全球化、科技進步的影響，以及美國勞工的遷移，並非全美一致。這些影響可能會寬待某些城市的居民，卻可能重創某些城市的人。隨著舊式製造業資本的消失，新創中心漸次興起，儼然成為新的繁榮推進器。工作就業、人口分布和財富，史無前例在美國進行重新分配，而且極可能會在未來十年加劇倍增。

經濟版圖上有些這類的改變，反映出長期以來超乎我們掌控的各種力量。其他的力量可能可以形塑、管制，但它們都不是隨機、混亂或無法預料的。最終，都會呈現出相當清楚且基本的經濟原理。不幸的是，它們往往被充斥著股市或就業數字等氾濫成災的資料所蒙蔽。只專注於近期的各種事件，往往導致資訊不完整、不相關，或兩者皆是。今天、本週或這個月所發生的事，不具有什麼啟發性，因為經濟基本原理的發展，步調慢很多。

然而假若我們退後一步來審視這片大局，就會發現，引發這些改變的影響力，其實本身非常清晰、展露無遺。它們比每天高低起伏的道瓊指數更引人入勝，也更重要。本書旨在檢視真正對我們生活至關重要的這個長期趨勢——過去三十年來，已經在美國勞動市場裡發生的種種巨變——以及潛伏在這些巨變底下的種種經濟因素。此外，本書也將預測並試圖對這些將在未來三十年塑造我們經濟的趨勢，提出見解。

經濟學家們喜歡區別週期變化、受無止境蕭條與擴張所致的經濟起伏，將其分門別類為兩種，一是世俗的變化，二是深植於經濟影響力但變化緩慢的長期發展。目前，大眾議論紛紜的主題，絕大部分是針對經濟狀況——大眾媒體、國會、白宮——這些都著重於世俗的變化。這項爭議的時間軸為六個月或至多一年時間：我們該如何終止經濟衰退？今年的預算應該做何安排？失業問題會如何影響下一次大選？而本書會將重點放在引發長期趨勢的影響力上：了解為何這些變化會發生、發生在何處及如何影響個別的美國人，這才是重點。我們的就業問題、我們的社區和我們的經濟命運，正處於危急存亡之秋。

發生在美國的變化，全球亦處處可見。新的經濟發電廠正在取代老式的。以往在地圖上小到幾乎看不見的點點，已經變成了繁榮的超級大都市，有數千家新的公司行號，提供數以百萬計的新就業機會。變化最明顯的莫過於中國的深圳。如果以前沒聽說過，未來你一定會如雷貫耳。它是全世界崛起最快速的城市之一。短短三十年間，已經從小漁村搖身成為龐然大都會，居民超過千萬。在美國，發展快速的城市如拉斯維加斯或鳳凰城，三十年來成長了三到四倍；深圳的人口在同一段時間裡卻成長了超過三百倍。在此過程裡，深圳已變成全世界的製造首都之一。

深圳的崛起非常值得注意，因為它恰逢美國喪失製造業中心的地位。三十年前，深圳還是個不起眼的小鎮，就連廣東省南部的人也沒聽過。它的命運——一如美國數百萬製造業的員工一樣——一九七九年，當中國領導階層選中它做為第一個中國「經濟特區」時，它的命運自此踏上了坦途。這些特區就像磁鐵般快速引來外資。接二連三，投資熱潮帶來數千家新創立的工廠。這些工廠便是美國製造業工作機會消失的所在。

當底特律和俄亥俄州的克里夫蘭（Cleveland）蕭條之際，深圳正在茁壯成長。各式各樣的生產設備在特區內鋪天蓋地而來。每一年，天際線都會新增高聳的辦公大樓與公寓，越來越多農人紛紛離開農村地區，到深圳黑洞般又大又深的工廠廠區，尋找待遇更好的工作，這裡的工人數量暴增。中國人稱這座城市是一座「每天起高樓、每三天蓋一條林蔭大道」的城市。走在寬闊的大街上，就能感受到這座城市的活力與樂觀。過去的二十年裡，深圳位居中國出口榜首，也建造了一座全球最繁忙的碼頭，星羅棋布著雜亂無章的設備、龐然大物的起重機、數不清的卡車及五顏六色的貨櫃。一天二十四小時，一週七天，一年三百六十五天，這些貨櫃接二連三地被搬上龐大的貨櫃輪，送往美國西海岸。每年有兩千五百萬座貨櫃離開這座碼頭，幾乎平均每一秒送出一座。只消不到兩週時間，貨物就能卸裝到卡車上，送至美國跨國零售公司沃爾瑪（Walmart）的配送中心，或ＩＫＥＡ的倉儲，或是蘋果公司的店鋪。

深圳是iPhone的組裝所在地。如果全球化有個樣板形象，那必是iPhone無疑。蘋果公司注重設計外，也很注重其供應鏈的完善程度，一如它在意手機的設計。iPhone的生產流程，正足以描繪出新的全球經濟如何重新塑造就業地點，並呈現出對美國勞工的新挑戰。

在加州舊金山灣區庫帕提諾（Cupertino）的蘋果工程師們構思設計出iPhone。這是生產流程裡全部在美國完成的唯一階段，包括產品設計、軟體開發、產品控管行銷及其他高價值的功能。在這個階段，勞動成本不是主要的考量點。相反的，重點是創意與靈巧。iPhone的電子零件——精良複雜，但不如它的設計來得有創意——絕大部分都是在新加坡和臺灣製造的。只有少數零件是在美國境內生產。製造流程的最後一個階段，勞力最密集：工人組裝硬體，準備出貨。這個部分，關鍵因素是勞動成本，就是在深圳郊區進行的。其設備堪稱舉世無雙，規模令人咋舌：它擁有四十萬名工人、宿舍、商店，甚至電影院，更像是個城中城，而不像是工廠。當你在網路上買了一台iPhone，它是從深圳直送到你手上的。難以置信，手機送到美國消費者時，只有一名美國工人會實際觸摸到最後的成品：優比速（UPS）的送貨員。

表面上，iPhone的故事令人煩惱。遍及各地的消費者無不被這個美國代表性產品深深打動，但美國的勞工卻只在構思創意的階段參與其中。剩餘的流程，諸如製造精密的電子零件，都移往了海外。因此，你不禁要問，未來數十年美國勞工還有什麼事可做。美國是否將進入一個不可逆的衰退階段？

過去的半個世紀裡，美國從生產實體商品的經濟中心，轉變為創意與知識中心。新創產業裡的就業機會成長迅速，不成比例。這些工作裡的關鍵要素是人力資本，包含人們的技術與心靈手巧。換言之，人類是必要的投入，因為他們能想出新的點子。大量摧毀傳統製造業的兩股力量——全球化與科技進步——如今正催生出新創產業的工作成長；其成長曾一度受到始於二〇〇七年經濟大衰退（Great Recession）的暫時遏止，但是長期走勢卻是上揚的。

全球化和科技進步已將實體商品變成了廉價商品，不過也提高了在人力資本和新創產業上的經濟效益。史無前例頭一遭，欠缺的不再是實體資本，而是創造力。可想而知，發明家是新產品價值裡的最大成本。iPhone有六百三十四個零件，在深圳所創造的價值非常低，因為組裝可以在全世界任何地方完成。由於全球競爭激烈，即使是精密的電子零件，譬如快閃記憶體和視網膜螢幕（Ritina Display），所創造出來的價值也非常有限。iPhone最主要的價值來自於原創概念，包括出類拔萃的工程設計及美麗絕倫的工業設計。基本上，這也是蘋果何以能從每一台iPhone賺取三百二十一塊美金的原因，遠遠超過參與實體生產的任何零件供應商的收益。這一點非比尋常，不僅對蘋果的毛利率很重要，對我們的國家榮譽感也舉足輕重，也因為它代表了優渥的工作。

新創產業包括先進製造技術（比方說設計iPhone或iPad）、資訊科技、生命科學、醫療器材、機器人技術、新材料，還有奈米技術。然而，創新非僅局限於高科技，任何能產生新概念的工作都算數：有的是娛樂業發明家、環境發明家，甚至金融發明家。它們的共同點就是都創造了世界上史無前例的東西。我們很容易以為創新是實體商品，但創新也可以是服務。例如，吸引消費者的新方法或消磨我們閒暇時間的新方式。蘋果賺取的三百二十一塊美金裡，有一部分落入蘋果股票持有人口袋裡，不過有些則落入蘋果在庫帕提諾的員工手裡。而且，由於這家公司獲利豐厚，它便有動機保持創新並持續僱用員工。研究顯示，一家企業越是創新，其員工薪資也會越好。

你可能會想，假如你是谷歌或某家生技公司的員工，創新的崛起實在令人激動，可是倘若你是個教員、醫師或警官，則是一點也無關緊要。畢竟，大多數美國人從未在某家高科技公司草創之初就開始賣命，他們幹嘛要關心新創產業的崛起？不過，隨著局勢轉變，創新事關重大，不止對高科技企業直接僱用的高學歷勞工如此——科學家、工程師及新點子的創見者——對大多數美國勞工亦若是。

有機會在美國任一個城市散步的話，你在街上所見到的大部分人士，都是商店的店員和髮型設計師、律師與服務生，而不是發明家。大約有三分之一的美國人若不是為政府工作，就是在教育和衛生服務領域上班，包括教師、醫師和護理人員。另外有四分之一的美國人在零售業、休閒業和服務業工作，諸如商店、餐廳、電影院和旅館裡的員工。再來有百分之十四的美國人受僱於專業與商務領域，包括法律、建築與管理公司的員工。總計，三分之二的美國工作都是地方上的服務業，而過去五十年來，那個數字悄悄成長了。大多數工業化國家，地方上的就業比例都不相上下。這類產業裡的商品與產業，都在當地生產也在當地消費，因此，不會面臨全球競爭。雖然當地產業的工作機會構成了最主要的工作形式，但它們都是經濟成長的「結果」，不是「原因」。理由之一就是，當地產業的生產力，即使假以時日也通常不會有什麼改變。剪頭髮、端盤子上菜、開巴士或教數學，所需要的人力和五十年前是一模一樣的。相反的，拜科技進步所賜，新創產業裡的生產力每年都穩定增加。長遠來看，一個社會的生產力若無顯著增長，薪資就難以增長。五十年前，製造業是這股成長的驅動力——促成美國勞工，包括地方產業員工在內——薪水增加的來源產業是製造業。如今，驅動力是新創產業。因此，新創產業的動見觀瞻，攸關眾多美國人的薪資，不論他們是否在新創產業裡工作。

第二個理由是，對我們所有人都至關重要的創新崛起，幾乎和神奇的創造就業經濟學脫不了關係。新創產業會為它們所聚集的社區帶來「肥缺」與高薪，而且對當地經濟的影響遠大於它們的直接效應。吸引一名科學家或一名軟體工程師來到某個城市，會帶動「乘數效應」（multiplier effect），為當地產業的從業人員提高就業機會和薪資。大體上，從一個城市的觀點來看，一份高科技的工作不只是一份差事而已。確實，我的研究也顯示，每份新興的高科技工作，最終會在該城市裡這個高科技領域周邊產生額外的五份工作，包括技能性職業（律師、教師、護理人員）和非技能性工作（服務生、髮型設計師、木工）。

舊金山推特（Twitter）公司每新增一位軟體設計師，就會在這個社區裡產生五份新的工作機會給咖啡師、個人教練、醫師及計程車司機。雖然創新在美國從來都不是主要的工作業別，但它對美國各個社區經濟的影響之大，卻不成比例。絕大多數領域都有乘數效應，但新創產業的乘數效應卻是當中最大的：比製造業的效應約大三倍。之後，我們將會看到為什麼會這樣。眼下，且容我指出，乘數效應對地方發展策略具有令人驚訝的重要意涵。其一是，對一個城市或國家而言，想為低技能勞工創造更多就業機會的最佳途徑之一，就是招募那些僱用高技術性員工的高科技公司。

然而，這並不是說在這場創新的新經濟裡人人皆是贏家。過去三十年間，勞動市場的轉變，早已創造出本質上貧富不均的經濟版圖。隨著經濟大蕭條的加劇，美國各社區的差異性逐漸變得越來越大。我們習慣根據二分法來思考美國：紅對藍、黑對白、擁有對一無所有。而今天，美國卻呈三角形。一個極端點是樞紐重鎮——那些擁有高學歷勞動力與強大新創產業的城市；它們正在茁壯，增加工作機會，吸引更多有技能勞工。而在另一個極端上，是那些曾經由傳統製造業獨占鰲頭的城市，它們急遽衰退，喪失工作機會也流失居民。兩者間之外的，是一些可以朝兩端發展的城市。這三個美國漸行漸遠，且急速的分道揚鑣。矛盾的是，這個國家成功厚植國力的經濟增長點，正在美國各個社區裡製造越來越嚴重的貧富不均。我們將會看到，在這個過程中，贏家和輸家並非都是我們樂見之人。

不應該這樣的。在二〇〇〇年網路泡沫化正值最高峰之際，形形色色的觀察家幾乎有志一同做出這樣的結論：新經濟為公司與勞工同樣帶來更多的自由。在探討全球化最具影響力的著作《世界是平的》（*The World Is Flat*）一書裡，作者湯馬斯．佛里曼（Thomas Friedman）最家喻戶曉的論述，就是手機、電子郵件和網際網路降低傳播門檻如此之劇烈，以致所在位置變得無足輕重：距離消逝了，地理一無是處。

這個論述不斷獲得共鳴。它的概念是，不論人們生活在何處都能分享知識，並幾乎毫無成本地運送產品。根據這個觀點，肥缺工作如今集中在高成本地點，如矽谷與波士頓，未來將很快會分散到低成本的地點，不論是美國，還是海外。資深的軟體工程師在印度可以掙得三萬五千美元，同一個人住在矽谷卻可以掙得十四萬美元。如果採外包方式能省下這麼多成本，美國企業為什麼要繼續在矽谷僱用員工？同理，假若勞動成本在矽谷比在阿拉巴馬州莫比爾（Mobile）多了三倍，企業最終會遷廠到阿拉巴馬州。根據這項理論，新創產業分散的過程將會比製造業的速度更快，因為透過數位用戶迴路（Digital Subscriber Line，簡稱ＤＳＬ）搬移軟體程式代碼，比跨境搬運笨重的商品更加輕而易舉。以這樣的觀點看待未來，美國偉大的新創中心，將會從地圖上消失，而且新創產業的工作機會將會均分遍布全美。這個觀點的關鍵預測是基於美國社區的集中。低成本地區將會吸引越來越多高薪的新工作。那些曾幾何時落後的城市——俄亥俄州的克里夫蘭、堪薩斯州的托彼卡（Topekas）及莫比爾——成長將會更快些。而舊金山、紐約、西雅圖和類似的城市，將會受到高成本的拖累而衰退。

可是，數據卻難以支持上述這個觀點。真實情況恰恰相反。在新創產業裡，一家公司的成功不僅僅取決於員工的素質，也仰賴周遭整個生態系統。這一點非常重要，因為生態系統使得它要搬遷比傳統製造業更難。紡織廠是單獨一座實體，幾乎可以設廠在世界任何勞工充足的地點。反之，生物科技實驗室要搬走卻難上加難，因為要搬遷的不僅是一家公司，而是整個生態系統。

有越來越多研究認為，城市並非單純的個人集合體，而是個複合體，是個與商業活動產生新概念和新方法的環境，以及彼此交流的整體。舉例來說，勞工間的社交互動往往會促進學習機會，這些機會能提高創造力與生產力。與聰明者為伍，可以把我們變成更聰明、更富創造力。將發明家聚集成群互相交流，可以促進彼此的創新精神，變得更加成功。因此，一旦某個城市凝聚了一些富創造力的勞工和新創企業，它的經濟力會為它吸引來更多發明家。到最後，也就成了所謂在美國社會中引發大分歧的肇因，因為隨著某些城市增加好工作、能人智士，投資和其他好處便會難以抗拒地蜂擁而至。它是一股潮流，會以深切的方式，不僅重新改造我們的經濟，還有我們整個社會。這也意味著，美國的貧富不均有一部分會越來越嚴重，它所反映的不只是階級分裂，也同時是地理分裂。

但這並不表示，低成本地區注定要拚命追趕的論點一無是處。從全球的層面來看，過去十年裡最重要的經濟發展，是巴西、中國、波蘭、土耳其、印度，甚至非洲一些國家，在生活水準上不可思議的突飛猛進。這些國家的強勁經濟表現，大幅縮小了與富強大國間的鴻溝，經濟力尤其在收入項目的成果上最是亮眼。這是令人欣喜的消息。雖然難得被認同，但是若從全球層面來衡量，貧富不均的比例其實就會驟然下降。另一個突飛猛進的個案，是過去五十年來，美國南部奮發圖強的成果。一九六〇年代時，許多南方各州明顯比國內其他州來得貧窮，可是在之後的十年間卻快速成長。

不過，在上述兩例中，奮發圖強的過程有著地理上的不平等。譬如，有些南部城市——德州首府奧斯汀（Austin）、喬治亞州首府亞特蘭大（Atlanta）、北卡州德罕（Durham）、華盛頓特區（Washington, D.C.）、德州第三大城達拉斯（Dallas）和第一大城休士頓——就比其他城市崛起更快，也因此導致美國南方各社區間差距擴大。發展中國家也會呈現類似的區域性差距。在中國，上海已經達到人均收入接近富國的水準。在標準化測驗

（standardized tests）裡，它的學生表現得比美國和歐洲的學生更好，雙方差距相當大；它的公共建設也比大多數美國各城出色。可是，中國西部的農業社區裡卻進展遲緩。儘管中國與更富強國家之間的差距已經縮小了，但是中國境內的區域性差距卻明顯擴大。

驅動這些潮流的因素是什麼？為什麼分歧越來越多，而非如眾人所預測般減少？本書要探討這些趨勢的根由，以及它們對美國社會具有什麼樣的意義，審視美國之所以能吸引新創企業的特色是什麼。想要了解我們的經濟前景，關鍵就是要先了解：新創產業的工作機會，為什麼都聚集在美國的新創中心？

儘管「距離消逝」、「世界是平的」如雷貫耳，但是你住在何處，其重要性卻比以往更要緊。不論你在新創產業內部或外部工作，也不論你是自僱者或勞工，你的居住地點會在各個方面強烈影響你的生活，上自你的事業，下至你的財務，從你所碰到的人是哪些，到你的孩子所接觸的價值觀。當美國的城市越來越分道揚鑣，了解新的就業地理學就比以往更形重要。

接下來的篇章裡，我們會穿越這個經濟的新地景，探索新崛起的城市和步入衰亡的城鎮；我們會遊歷遙遠陌生的國度與熟悉的後院，我們會見到皮克斯動畫工作室裡的有色人種科學家，還有舊金山的裝訂商。我們會走在西雅圖前程似錦的拓荒者廣場（Pioneer

Square）——過去美沙酮診療所林立，而今是社交遊戲公司「星佳」（Zynga）和全球最大網路鑽石商的總部。我們會造訪歐洲最迷人卻出乎意料依然貧窮的城市柏林，還有相對來說平淡無趣卻越來越繁榮的北卡城市羅利—德罕（Raleigh-Durham）。我們會揭露沃爾瑪電商部（Walmart.com）必須離開阿肯色州的原因，以及這件事對密西根州弗林特（Flint）汽車業員工和新墨西哥州阿布奎基（Albuquerque）客服中心有何影響。如此一來，我們將會發現，世界經濟的變遷正在改造美國的職場和社區。這些影響力將會決定未來的就業地點及特定城市與地區的命運。我們會了解到，造成這些改變的原因是什麼，還有，這些原因會如何影響我們的事業、我們的社區和我們的生活方式。

但首先，我們必須知道，我們究竟是如何變成這樣的。美國曾經一度貧窮，後來在上個世紀中搖身變為富庶的中產階級社會。如何變得這樣的？在騷亂的變局之中，我們能維持我們的富庶繁榮嗎？

第一章◆美國之鏞

每年，有好幾百萬中國和印度農人離開農村，搬到雜亂擴張的城裡，在不斷增設的工廠裡就業。美國人無可奈何，只能眼睜睜看著，滿懷敬畏卻夾雜著焦慮，那些深不可測的大工廠裡，提供著好幾百萬份生產線上的工作機會，川流不息的商品從廠裡運送出來，接踵而至的是生活水準的大幅提升。美國人或許已經忘了，沒多久前，我們也曾有過這般局面：從低收入社會過渡到中產階級社會，採取的手段也正是同樣的推動力——優渥的製造業工作機會。

一九四六年，二次大戰結束後隔年，按照今日的標準來看，美國的家庭普遍都窮。嬰兒夭折率很高，薪水和消費能力都很低，冰箱和洗衣機之類的家電產品十分罕見。對絕大多數美國人來說，買一雙新鞋都是樁大事。當時只有百分之二的家庭擁有電視機。然而，在接下來的十年間，美國社會歷經了史上最令人難忘的經濟變遷。突飛猛進的薪資及收入令人瞠目，社會各階層的消費能力跟著暴增。全國泰半沉浸於從未有過的富裕感和樂觀氣息中。到了一九七五年，嬰兒夭折率下降了一半，生活水準倍增。原本昂貴的家電，現在廉價得人人皆能負擔得起，買新鞋更是司空見慣，而且幾乎家家都有電視機。在短短一個世代裡，美國已經搖身一變成為中產階級的國度。

在那些歲月裡，中產階級的收入成長，與汽車、化工和鋼鐵等製造業的生產力提升緊緊相依。對數百萬的勞工來說，在工廠裡擁有一份待遇優渥的穩定好工作，就是「美國夢」。中產階級的生活衣食無虞，不論是經濟上或文化上都還有餘裕購買房子、週末和夏季度個假。簡言之，這一切都呈現出富庶與樂觀的氣息。當時全國最為活力充沛的地區，全是製造業聖地，譬如底特律、克里夫蘭、阿克倫（Akron）、印第安納州的蓋瑞（Gary），還有賓州匹茲堡。這些城市是全世界豔羨的對象。很清楚的是，它們的財勢與繁榮都與工廠、煙囪、油膩膩的設備及有實體的產品——通常是笨重的實物商品——脫不了關係。底特律在一九五〇年達到其經濟力的巔峰，當時它是全美第三大最富庶的城市。它是當今的矽谷，多虧它聚集了空前的尖端企業，許多都是在其領域裡的全球佼佼者，才得以吸引最具創造力的發明家與工程師。美國以工業化立國富強，並在一九五〇年代攀上高峰。當時通用汽車公司（General Motors）執行長查爾斯・威爾森（Charles Wilson）說過一句名言：「對通用汽車好的，一定也對美國好，反之亦然。」

促成這一切夢想成真的推動力，是工人產能史無前例的激增。由於有了更完善的管理作業，加上對更多現代機器的鉅額投資，一九七五年時美國工廠裡工人的生產力，是一九四六年同一名工人的兩倍。產量激增，對美國的富強有兩大強化作用。第一，導致薪水可觀地提高了。雖然產能增加局限於製造業，但薪水增加卻是不受限的。此外，更高的產能促使製造商更有效率地生產商品，因而產品變得更便宜。汽車和家電等商品，過去曾昂貴得令人卻步，當時卻變成人人皆消費得起的大眾商品。一九四六年，中等家庭想買部一般大小的雪佛蘭汽車，要比一九七五年時多花四分之一的錢。

在價降和加薪兩相作用下，對美國社會的文化與經濟結構帶來強烈影響；在購物商場和大眾市場、廣告的推波助瀾下，也導致消費經驗有了巨幅轉變。消費力遽增，新名詞於焉誕生：消費主義（Consumerism）[1]。在歷經好幾世紀與大自然和物質匱乏搏鬥之後，這個奢侈的新社會帶給一般家庭前所未有的物質幸福感。典型家庭的父母親，期望他們的孩子能比自己加倍富有，只因他們生活在美國。

一九七八年秋季，製造業的就業率攀上巔峰，有近兩千萬名美國人在工廠工作。卡特總統上任那年，《火爆浪子》（Grease）是電影票房冠軍，肥皂劇《朱門恩怨》（Dallas）讓各行各業的電視觀眾全都著了迷。那個秋季，經濟情況大好，國內生產毛額（GDP）和工作都增加了。突然之間，推動力竟停頓下來。製造業的勞工——曾經獨力把美國從經濟大蕭條的變幻無常，拉拔到戰後數年局面穩定的這群苦幹實幹的人——放慢了腳步；接著，停了下來；再來，逐漸開起了倒車。一九七九年，在伊朗革命後，石油價格飛漲，汽車工業首當其衝，大受重創，而委靡不振很快就蔓延至其他產業，因為生產成本變高，導致企業開始裁員。但是等到石油價格終於下跌時，失業情況卻持續惡化。起先看似暫時的經濟下坡，卻演變成拖拖拉拉痛苦的衰退，延續到今天。

強國垮台

成長的推動力停滯死寂，著實令人震驚無比。雖然美國人口現今已較一九七八年多了很多，但是製造業裡的工作機會，卻僅剩巔峰時的一半。現在，生產線上的工作更像是異常而非通例，十個美國人當中，不到一個是這個產業的員工，而這麼小的比例，甚至年復一年地持續衰退中。不容忽視的是，當今美國人寧可在餐館打工也不願到工廠去。看一下【圖1-1】，表中顯示過去二十五年來製造業的工作數量。自一九八五年起，美國每年平均喪失了三十七萬兩千份製造業的工作。這不只是反映出如經濟衰退之類的短期現象，更反映出製造業即便在經濟擴張時也經常流失工作機會。根據美國勞工部的研究，在二十個產業裡，有十九個產業將會在未來十年面臨最大量的失業問題，首當其衝的是「剪裁與縫製

1　譯註：認為持續和增加消費活動，對經濟有正面影響力。

成衣生產線」、「成衣針織工廠」，還有「織物整理與塗布的織布廠」。倘若目前的走勢持續下去，未來，等我現今三歲的兒子進入就業市場時，會有更多洗衣廠工人加入失業行列。

製造業不再是地方社區繁榮的推動力。倘若非要說出它們有什麼作為，扯後腿倒是真的。美國的龐大製造重鎮，曾經驕傲又富庶，現在卻是垂頭喪氣，與驟減的人口及艱難的經濟景況在做困獸之鬥。它們只剩下昔日身姿的蒼白幽靈，許多公司岌岌可危，眼見就快要從經濟版圖上徹底消失了。它們的名字現在等於是「荒城」與「不可逆衰退」的同義詞。在二〇〇〇年至二〇一〇年間

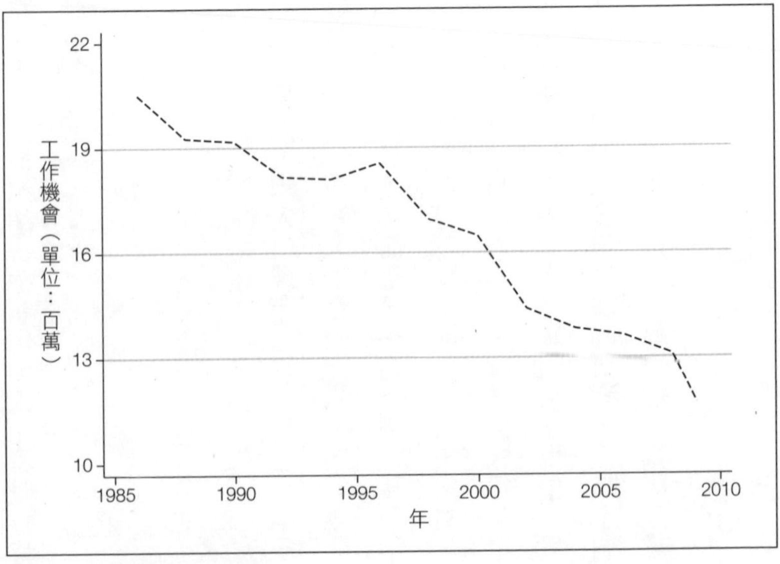

【圖1-1】製造業的衰退圖

的人口普查，因為颶風卡崔娜（Hurricane Katrina）的緣故，大都會地區中曾經歷最嚴重人口暴跌的是紐奧良。可是，人口數比紐奧良更低的還有底特律（負成長二五%）、克里夫蘭（負成長一七%）、俄亥俄州辛辛那提（負成長一〇%）、匹茲堡（負成長八%）、俄亥俄州托雷多（負成長八%）、密蘇里州聖路易（負成長八%）。看起來好像年復一年，「鐵鏽地帶」（Rust Belt）[2]的城市都慘遭自身的颶風重擊。底特律在一九五〇年代晚期，規模到達巔峰狀態，但五十年來居民不斷流失，如今其人口數和一百年前一模一樣。有三分之一的居民生活在貧窮線下，暴力犯罪率持續高居全國之冠。走掉了工廠，走掉了煙囪，也走掉了染滿油污的機器。同樣走掉的，是從前收入優渥的製造業好工作。

然而，和數字同樣令人震驚不已的是，這些數據竟不足以傳達製造業的死亡對我們社會所造成的影響。從某些方面來說，整個生活方式都在逐漸消失。在議論失業就業議題時，大家常忽略一個重點，那就是製造業的失業率所產生的最直接影響，不是影響這些社區最嚴重的。最嚴重的是，工廠倒閉，城裡許多的服務業工作也跟著消失了。我的研究顯

2 譯註：指美國在一九八〇年左右工業開始衰退的地區，「Rust」比喻去工業化或工業領域萎縮、經濟衰退，主要集中於中西部和五大湖地區。

示，製造業工作每少一份，那個受到影響的社區裡、在那個產業以外的工作，最終就會少掉一點六份。這些失業的行業包括理髮師、服務生、木工、醫師、清潔工，還有零售商店。建築業工作機會的流失尤其糟糕。在鐵鏽地帶的社區裡，建築業向來都是製造業外，中途輟學工人收入最好的就業機會。但是那些建築工作最終都必須仰賴製造業收入來加以支撐。一旦製造業枯竭了，也拖累了社區裡其他成員的日子不好過。

全美的氣氛已經低迷到不行。有一股明顯有感的焦慮，憂心國家的走向，其程度超越了二〇〇八至二〇一〇年間勞動力停滯所引發的經濟衰退。最近一份民意調查發現，美國製造業的衰退，帶給美國人一股「經濟不安感」。根據《波士頓環球報》（Boston Globe）的分析，其主要原因到處瀰漫，擔憂著「美國不再製造足夠的『東西』」。有「工人皇帝」之稱的美國歌手史普林斯汀（Bruce Springsteen）在一九八四年寫的歌〈我的家鄉〉（My Hometown），傳神捕捉到東岸和鐵鏽地帶社區裡，無數遭受工廠倒閉重創後的煩惱心聲。歌中唱著城裡大街上空蕩蕩的店面，工作一去不回，「似乎再也不會有人想到這裡來」。二十五年後，史普林斯汀歌詞裡的擔憂之情，甚至蔓延更廣。

製造業逆轉了財富，是過去六十年來美國經濟史上最重要的事蹟。對未來前景的悲觀情緒，包括議論紛紛「美國例外論」（American Exceptionalism）[3]告終，泰半始於製造業的衰退。儘管自一九四六至一九七八年間，普通家庭的生活水平提高了一倍，卻也從此大幅停滯不前。舉例來說，高中學歷、年約四十、擁有二十年左右工作資歷的一般美國男性勞工，在一九四六至一九七八年間，以現有的幣值來計算，他的鐘點費從八塊錢美金提高到十六塊錢。可是自一九七八年起，他的鐘點工資實際上卻減少了兩塊錢。

出了什麼問題？如此令人震驚的倒退現象，是什麼造成的？很多人怪罪銀行和金融專家。這樣的想法在民族心靈裡根深柢固，比「占領華爾街」（Occupy Wall Street）的時間更悠久。在奧利佛・史東（Oliver Stone）廣受好評的電影《華爾街》（Wall Street）裡，一九八〇年代的經濟轉型，被描繪成誠實純淨的平民百姓與華爾街貪腐違法的金融玩家之間的一場戰鬥，前者由馬丁・辛（Martin Sheen）飾演堅不可摧、滿足的藍領工會代表，後者由馬丁・辛的兒子查理・辛（Charlie Sheen）加以詮釋。查理・辛扮演年輕的股票經紀人，在這個冷酷無情、充滿企業掠奪者的世界裡，甘願不惜代價只求出人頭地，最後幾乎毀了他父親賣命的公司。三十年後，好萊塢對美國經濟困境的看法竟絲毫未變。二〇一

3 譯註：這個思想認為美國與美國人具有獨特性，是全球第一個獨一無二，奠基於自由、平等、放任資本主義的國家。

〇年的電影《企業風暴》（The Company Men）裡，班・艾佛列克（Ben Affleck）飾演一名白領階層勞工，在貪婪的執行長為了安撫華爾街、振興公司股價下遭到裁員。劇情相似性令人瞠目結舌。兩部電影裡，好人都在製造真正實體的東西——前一部片中他們在航空公司上班，後一部片中他們在造船廠上班——而壞人則用股票和股票選擇權，居心叵測做營生，鎮日汲汲營營買賣股票，最後毀掉了大家的工作。《企業風暴》最讓人辛酸的一幕是，兩個被解僱的工人來到鏽跡斑斑的廢棄造船廠，沉思著「我們曾經在這裡做出真正的東西」。

劇中，貪婪的金融專家和堅持己見的雅痞，身穿光鮮亮麗的套裝，演出扣人心弦的惡棍，只不過，事實是華爾街並未真的殺死藍領的美國，下毒手的是歷史。美國製造業的問題是結構性的，它們反映出過去半個世紀以來，一直厚植勢力的深刻經濟力量：全球化加上科技進步。

從工廠到私立學校

若要說有什麼品牌足以代表美國工業史，那非「利惠公司」（Levi Strauss & Co.，簡稱Levi's）莫屬。一九九〇年代時，我搬到了舊金山，當時城裡還有利惠工廠。利惠公司創辦於一八五三年，時值淘金熱，當年有一名年方二十四的德裔移民開始供應耐穿長褲給淘金者。舊金山的工廠從那時開始營運，接著在美國各地如雨後春筍般成立數萬家工廠。一九九四年夏季，我拜訪該廠，十多位絕大部分是拉丁裔的婦女在剪裁縫製其知名的「五〇一」牛仔褲。記憶歷歷在目，我揣想她們能堅持多久。這家公司多年來想方設法保護它的美國勞工，可是以九到十四塊美金的鐘點工資外加福利，它的生產成本明顯高過於那些競爭對手。最後，公司在二〇〇一年關閉了全美各地設備，遷廠到亞洲。舊金山的工廠舊址如今是一家菁英階層的貴格教派私立小學，一年學費要兩萬四千零四十五美元。

我毫不驚訝。若非要說出利惠的豐功偉業，那就是它長期抗拒外包。同業裡的公司行號——蓋璞（Gap）、拉夫．勞倫馬球（Ralph Lauren）、老海軍（Old Navy）——老早便將生產線轉移到海外了。從這個角度來看，成衣業是整個製造業裡的典型產業。二次大戰後的十年間，紡織品成了美國勞動市場裡的主要項目。以工作來講，美國最重要的工業集團，不是底特律汽車業，而是紐約的服裝工業。直到一九八〇年代中期，受僱於衣著服裝製造公司的美國勞工仍超過一百萬人。今天這個數字暴跌了百分之九十多。你不妨檢查你的衣服產地在哪裡。倘若你穿的衣服是美國公司銷售的，那麼八成是越南或孟加拉之類的第三方供應商所製造的。美國品牌一直都欣欣向榮，但只有極少數的工作——設計、行銷和業務部門——仍留在美國境內。

有趣的是，表面上看來，iPhone的情況也與之相類似：設計與行銷工作留在美國，但所有零件的供應商全在亞洲。然而，兩者卻有一個大不同處。就服飾而言——以及普遍來講的傳統製造業——留在美國的設計與行銷工作少得可憐，而且感覺上沒有任何增長的趨勢，但新創產業的設計與工程工作卻多不勝數，發展蓬勃。

直到最近之前，我們從低工資國家進口的東西並不多。一九九一年時，這些低工資國家出口到美國的商品不到百分之三，這個數字太小，難以影響為數眾多的就業機會。可是在過去二十年來，世界已經成了一個商業活動無止境擴張的地球村。到了二〇〇〇年時，自低工資國家的進口額已經翻了一倍，而到了二〇〇七年又再度翻了一倍，增長的絕大部分全是拜中國所賜——實體商品的生產，從高勞工成本的富強國家，大規模移往低勞工成本且較貧窮的國家。一如iPhone的情形，地球上有很多更好的地方可以製造實體商品，包括相當精密的商品在內。

由於發展中國家的勞力廉價，因此那裡的工廠通常會比美國運用更少的機器，如此一來也給了那些工廠額外的優勢，可以更為靈活、更能適應突如其來的變故。最近的一次採訪中，有位在中國做生意的美國商人如此道來：「大家都以為中國製造等於廉價，但事實上它是快速。」一位在中國工作的美國工業設計師補充道：「人就是適應力最佳的機器，機器必須重新設定，你卻可以要求人們下個禮拜就去做完全不同的事情。」和美國的工廠不同，中國的工廠幾乎可以一夜間就應付好生產計畫或設計上的變化。

全球化對美國藍領階級的影響並非到處一樣。經濟學家大衛．奧托（David Autor）、大衛．朵恩（David Dorn）和戈登．漢森（Gordon Hanson）所做的一項新研究顯示，中國進口商品所造成的影響，嚴重程度高低取決於你的居住地。譬如普羅維登斯（Providence，也稱欖城）和水牛城這類都市，就面臨中國低附加價值的傳統製造業競爭而受創嚴重，並且遭遇日增的負面影響。相反的，華府和休士頓等城市因為製造業種不同，經歷的影響相對小了很多。在那些與中國正面競爭的城市裡，進口商品導致當地失業率攀升、勞動力參與率（Labor Force Participation Rate）降低、當地工資低迷。耐人尋味的是，所有這些代價並不全是因為工人直接轉移陣地所致，有一部分的代價是來自政府的補助造成的。該研究報告表示，中國進口商品導致福利給付增加，例如失業保險金、糧食券（Food Stamps）及失能保險，這些都是隱藏式的福利。簡言之，當貿易的影響力高度內化時，終極的代價——至少有部分——是透過聯邦補助計畫，由國家其他納稅人加以承擔的。

全球化的影響，同時也依照企業做回應的能力而有很大的不同。近期經濟學家尼古拉斯・布魯姆（Nicholas Bloom）、米爾科・德拉卡（Mirko Draca）和約翰・范・賴南（John Van Reenen）的研究顯示，與開發中國家貿易活動增加，會帶來科技快速升級，但最終的影響還得看每家公司做調整的意願而定。經濟學家在一九九六至二〇〇七年間，針對十二個工業化國家、五十萬家企業所做的廣泛採樣數據研究，發現面臨中國進口競爭的企業通常會用科技升級的方式加以因應：它們採購更多電腦、花費更多金錢做研發、獲得更多專利權，也改進它們的管理策略。諷刺的是，這股外在的威脅已然成為美國企業提高生產力的重要動力，也因而刺激了美國經濟成長。可惜不是人人都有所斬獲。高科技企業成功對付了威脅，低科技企業——那些創造力較低、投資資訊技術有限且產能有限者——在應付中國進口商品時非常辛苦，終落得遣散員工或關門大吉的下場。因此，全球化刺激了科技進步，而科技進步反過來使得高學歷勞工需求量增加，也降低了對無技能勞工的需求。

製造業的新寵兒

當然，衰退中總有異數。比方說，與其他製造業相較，高端的時尚業對勞動成本就很不敏感，反而是受到設計師和熟練裁縫師身在何處的影響較大。而且，對當地手工藝的需求明顯重新抬頭。在地生產的每樣東西，從食品到服裝、單車到家具，如今莫不是時尚。從紐約到普羅維登斯到波特蘭（Portland）[4]，乃至於明尼亞波利斯（Minneapolis）[5]，出現越來越多手工藝品工作室，在當地時尚精品店販售它們的商品。

過去曾是利惠工廠所在的街坊，現在櫛比鱗次著數十家手工藝工作室，供應手工產品——服飾如「無拘無束」（Cut Loose），在舊金山推出一條流行服飾生產線，製造手縫、人工染製的訂製服裝。而就在利惠工廠的對街，有一家精品店「The Common」，主要專精於「供應、生產和設計堅固耐用、歷久彌新的產品，精雕細琢採用傳統的製造技術」。它們的怪趣成衣襯衫全都是在加州設計、剪裁及縫製而成。數條街外，原本是汽車修理廠的所在地，最近搖身一變成為營運成熟的巧克力工廠。坐落在美麗的紅磚建築內，「蒲公英巧克力」（Dandelion Chocolate）由兩名認真清爽的文青，銷售定價九塊錢美金的手工巧克力棒，充滿熱情，想發揚光大最出色的有機栽種馬達加斯加巧克力豆。往東兩英

4　譯註：此為美國俄勒岡州的城市，西北部太平洋地區第一大港。
5　譯註：美國明尼蘇達州第一大城。

里，「渡渡寶盒」（Dodocase）接手一家幾乎破產的古老書籍裝訂廠，以環保的竹製造零件，手工生產個性化iPad保護殼。根據《大都會》（Metropolis）雜誌報導，紐約布魯克林區，在地的食品製造方興未艾。「看似這一區每個二十八歲的傢伙，都買過一堆手工泡菜。」在布魯克林造船廠（Brooklyn Navy Yard，昔日全名為美國海軍紐約造船廠），熙熙攘攘雲集著許多生意興隆的製造工坊。越來越多在地製造者爭相加入，但空間供不應求。相形之下，底特律和弗林特則一片荒蕪。

一百年前，布魯克林是美國城市製造業的重鎮之一，二次大戰期間是它的巔峰，布魯克林造船廠的員工多達七萬人，一天二十四小時三班制輪番上工。從當前的所有活動來判斷，你可能會得出一個結論，那就是城市製造業又死灰復燃，以小規格高科技生產方式，僱用年輕人，目標市場是當地。金屬建築組件設計與訂製公司「Ferra Designs」在造船廠租了一萬平方英尺的空間。其合夥人傑夫·卡恩（Jeff Kahn）近日告訴《大都會》雜誌，他的十五名員工當中，幾乎都是附近「普拉特藝術學院」（Pratt Institute）畢業的工業設計科系大學生。「他們絕大多數都不超過三十歲，對工藝充滿興趣，想要知道如何做建築。這是一場文藝復興運動。」他認為，布魯克林造船廠的成功，代表城市製造業在美國捲土重來。「在中國做生意的成本越來越高，」他說：「美國有機會用先進的科技和充滿興趣的新世代，重新拿回它的一些製造業根基。」

這樣的口號出現在全美越來越多的城市裡，成千上萬對手工業有興趣的年輕人更是熱情擁戴。在造訪最近才在利惠工廠附近開設的高端手工服飾作坊後，諷刺的情況讓人難以視而不見：同樣的地點，二十年前曾是低學歷西語裔婦女在裁剪縫製服裝，如今則是數十名高學歷年輕白人在裁剪縫製類似的產品。

這些主動進取精神來自文化上的熱忱，這也是他們為何成為地方新聞專題報導寵兒的原因，非常值得給予支持。地方製造有助於賺取財富，否則這些財富就流到海外去了。而且，在地生產的生態足跡明顯較小。只不過，這些積極精神並無法解決美國工作短缺的問題。首先，這些注定都是小眾現象，就業人數實在太少，無濟於事。更重要的是，這些就業機會無法帶動社區的就業增長，它們一直都只是一些其他產業創造財富後的結果。這是個關鍵但往往被誤解的重點。在傳統製造業裡，產品多是被賣到全世界各地去。但從定義上來說，消費在地製造商品的，本就是仰賴某個地區現有的財富。畢竟，是當地經濟裡某人必須掏錢買這些四十塊美金的T恤和九塊美金的手工巧克力棒。在紐約和舊金山兩城市的個案裡，帶動財富支持這些在地手工業財富的，是金融和高科技企業。

還有，在地製造業的魅力有個很重要的部分，是我們把它看成別具一格又另類的東西。這也使得該業種本質上就難以擴大規模，超出消費者認定為「絕無僅有」的狹隘限制。以「美國服飾」（American Apparel）這個品牌為例，它是北美現存的最大服裝廠。廠裡僱用了五千名勞工，廠址設在洛杉磯鬧區裡的多層高樓建築內，距離高聳的金融中心僅相隔區區數條街。該公司的行銷強調，它付給員工優渥的薪水——針線活女工每小時十二塊美金的鐘點費——而且還給付健保費。它所生產的T恤在眾多年輕、受過良好教育、時髦的都會消費者當中，大受歡迎。驚人的是，這些T恤貌不驚人，唯一的特殊處就是生產地點。它象徵著，正當美國製造的服裝已經彌足珍貴，它卻是唯一在洛杉磯鬧區裡製造出來的服飾，這點足以凸顯產品的差異性，乃至於「美國服飾」的衣服能讓布魯克林新潮街區威廉斯堡（Williamsburg）、德州首府奧斯汀（Austin）和首都華府的文青潮人們趨之若鶩。這不是個不良的商業模式。人們認為這個品牌很酷，所以這個公司能銷售它的產品，也能賣貴一點，來彌補它相當高昂的製造成本。不幸的是，對美國的其他紡織業勞工而言，這個模式無法被廣泛複製。就定義上來看，「美國服飾」的模式是建立在產品獨一無二的前提上。假若每個人都在美國都會區裡生產服飾，那麼這家公司就會失去它唯一的競爭優勢。

中國與沃爾瑪如何幫助窮人

美國人自尊心很高。和歐洲政客不同，美國的政客不時會提及美國是「地球上最了不起的國家」，也會提及美國勞工是「舉世最傑出的」。當然，讓我們以身為美國人自豪的理由有千百種。不過，和其他國家的勞工沒兩樣的是，美國的勞工擅長製造某些東西，但不擅長製造另外的東西。這無可厚非，身處在全球經濟網絡裡，你不必樣樣都行；事實上，甚至也不該放膽都試。讓其他國家供應東西給你會更好，只要你夠擅長供應別的東西做交換就行了。這很合理：英國足球明星貝克漢應該專注做個最出色的足球員，讓別人去蓋房子、幫他剪頭髮、給他裁製衣服。

經濟學家們幾乎樣樣事情都有各自的看法，可是他們卻一致贊同「比較優勢理論」（Law of Comparative Advantage）[6]。其主要見解認為，假如每個國家專注在生產力較好的產業上，那麼人人才都會是贏家。每個國家出口它特別擅長製造的產品，交換進口海外相

---

6 譯註：最具影響力的英國古典經濟學家李嘉圖（David Ricardo）創立的理論，認為當一方（人、公司或國家）從事某項製造時，所付出的機會成本比另一方低時，這一方就是擁有了進行該項製造的比較優勢。

較更有效能的其他商品，最終結果會讓我們所有人一點一點地富裕起來。實際上，我們會富裕很多。今天美國的國家歲入，如果完全沒有國際貿易將短收數十億美元。這是全球化帶來的好處之一，因為運行得太順暢，以致我們都將之視為理所當然。當今美國的消費者都期待電子商品——從電腦到大如牆面的平面電視機——可以一年比一年便宜。確實，大多數中國出口的消費性商品，售價已經下降了。

有意思的是，這股潮流嘉惠於窮人的，多過於富人。芝加哥大學有兩位經濟學家，研究了收入不同的家庭消費模式。參與研究的每個人，每次到雜貨店買完東西後，專家就掃描所有採購商品。從這些相當豐富可觀的資料裡，專家發現，與典型高收入戶所採買的商品售價相比，典型低收入戶所採買的商品，價格較不會增加。從一九九四年起，最貧窮的百分之二十家庭的購物花費指數，比最富有的前百分之二十家庭，增加的速度慢了三倍。

對此，有兩種看起來合理的解釋：中國和沃爾瑪。在比例上，低收入消費者傾向於採購更多中國和其他低薪國家製造的商品——譬如玩具、廉價服裝和負擔得起的消費性電子產品。多虧了全球化，過去十五年來，這些商品較其他商品價格調漲較少，而且很多時候價格甚至下降，比方說消費性電子產品。反之，高收入消費者往往在比例上採購較多個人服務——剪髮、居家打掃，乃至於餐廳外食和養生保健服務。由於個人服務比較不會面臨外國競爭，因此高收入消費者並未因全球化而受惠。

類似沃爾瑪這類超級商場的擴張，也扮演了要角。由於低收入消費者比高收入消費者在超級商場購物的頻率多了兩倍，所以，商場擴張對窮人的影響大過於富人。即使低收入者不在沃爾瑪購物，也往往能受惠於價格競爭帶來的好處，因為沃爾瑪所在位置通常都是低收入區。美國經濟學家埃梅克・巴斯克（Emek Basker）研究沃爾瑪超級商場對在地物價的影響後發現，不單是沃爾瑪的售價較低廉，其開幕後也會導致其他在地商店降低售價百分之六至十二。

「比較優勢理論」告訴我們，擁有不同產業結構的國家，可以彼此進行貿易活動，獲得較高的收益，也較不受到失業問題的掣肘。新崛起的國家，譬如中國、巴西和印度，它們的經濟力和美國的差異性夠大，因此，當美國因專注於提高新創產業工作機會之際，這些國家的貿易獲利才有可能很大。一旦你從比較性利益的觀點來看待事情時，就會發現大眾傳媒報導的許多國際競爭的通用觀點，顯得愚不可及。傳統的觀點認為，如果我們的貿易夥伴當中有一個，譬如中國，產能提高很多，對我們而言是可怕的消息，因為那代表那個國家將會偷走我們的工作。但是，貿易並不像足球賽那樣，是個零和遊戲，不是你的對手贏，你就輸了。現實情況是，倘若我們的貿易夥伴產能提高，購自那個國家的商品就會變得比較便宜。這讓我們——這些消費者——變得比較富有一點點。

總體來說，來自低薪國家的進口商品一直在貿易上都極不平衡，低技能工人拿走了絕大多數我們失去的工作。同時，這些進口品成本較少，又節省了消費者的錢。全球化導致的其中一個矛盾，就是就業上受創最嚴重的那一群人，在身為消費者時卻獲益最大。

產能的矛盾詭局

在製造業的失業問題裡，全球化僅占其中一小部分。儘管災難連連，美國仍製造出許多實體商品；只因我們在商店裡挑選的商品幾乎都是「中國製造」，所以很容易忘記這件事。許多消費性產品的確是中國製造，但高端的非消費性商品則非如此，比方說飛機、工業機械，還有先進的醫療器具。新聞報紙鮮少報導這個事實，其實美國工廠的產出和中國一樣多，兩倍於日本，並高出德國與韓國數倍。單是美國的一個製造業，就比英國經濟力還要大，而且還在成長。自一九七〇年起，美國製造業的產出早就翻好幾倍了，甚至還在持續擴充。

這裡面到底出了什麼問題？假如產能持續增長，為什麼製造業的工作卻不斷消失？之所以會出現這個明顯的矛盾，原因都要歸功於科技進步，以及對新興、更精密機械的投資，美國的工廠如今比以往顯然更有效率，因此，生產相同數量的商品，員工需求量則越來越少。今天，美國工廠的勞工平均每年能製造出十八萬等價的商品，產能是一九七八年的三倍。更高的產能對總體經濟而言是非常好的事，不過對藍領工作的影響卻很大。來看通用汽車公司的例子。一九五〇年代，是底特律的輝煌歲月，每一名通用汽車的員工，平均每年生產七部汽車。到了一九九〇年代，這個數字攀升為每年大約十三部汽車，如今則是每年二十八部汽車。計算失業的數學再簡單不過：相較於一九五〇年，今天通用汽車每生產一部車只用到原先的四分之一個員工。那些還在製造業裡工作的員工，現今的產能較過往更高，因此能賺到更多錢，只是人數少了非常多。

這是經濟成長裡另一個有趣的矛盾詭局：提高產能、降低消費者購物花費、也能加薪，但是到最後卻扼殺了工作機會。批評家們都把重點放在失業問題，然而現實情況卻是，勞工產能提高才是社會越來越繁榮、生活水準提升的康莊大道。這個現象毫不新奇。美國的經濟在從農業過渡到工業時，也經歷過類似的轉變。一百五十年前，半數的美國工人都在田裡勞動。今天僅百分之一的工人從事農耕，而我們絕大多數人可能終身都不必遇見一個農夫。拜科技進步所賜——牽引機、肥料、改良種籽——今天農作物以更大量方式生產，相對便宜得多。隨著農業產能在二十世紀裡突飛猛進，農村的收入提高，而對農人需求下降，因此，農民大量湧入城市的工廠裡。同樣的轉變現在又再度發生，產能提升摧毀製造業的工作機會，但平均來說卻使我們更加富有。

新興產業並沒有對此免疫。來看看【圖1-2】美國電腦製造業與半導體製造業的就業演變情形。過去二十五年間，全球的電腦與半導體銷售爆量，可是在這兩個產業裡的僱用率卻直線下降。相較於一九七五年個人電腦問世前，現今在電腦製造業生產線上的工作機會少了很多。確實，數字顯示，僱用率的巔峰是一九八八年：蘋果電腦推出麥金塔IIX，而康懋達（Commodore）狂銷一百五十萬台C64s給死忠粉絲——包含我在內。筆電那時還相當罕見，計算功能爛得可以，平板發展還在石器時代。半導體產業的故事也大同小異。美國各州、各大城市前仆後繼爭取設立半導體工廠，豈料，生產線上的工作員額已經衰退了十年之久。

說不定，這是我覺得最值得注意的美國製造業消亡現象：即使精密的高科技電子產品，也不曾免疫於商品的普遍微恙。我把這些圖表拿給英特爾首席經濟學家保羅·湯瑪斯（Paul Thomas）看，這位半導體的世界級領導人並沒有特別驚訝。自動化讓個人電腦與半導體的產製不再那般勞力密集。同樣的，汽車產業尤其驚人。除此之外，很多零件的製造

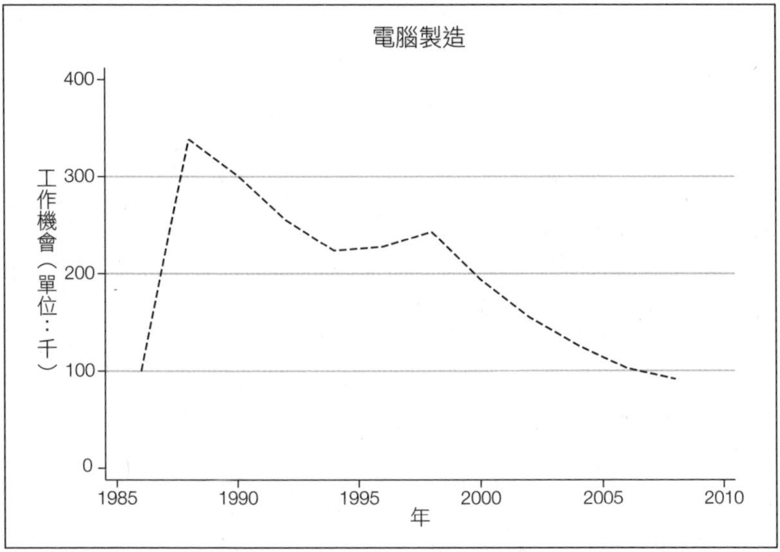

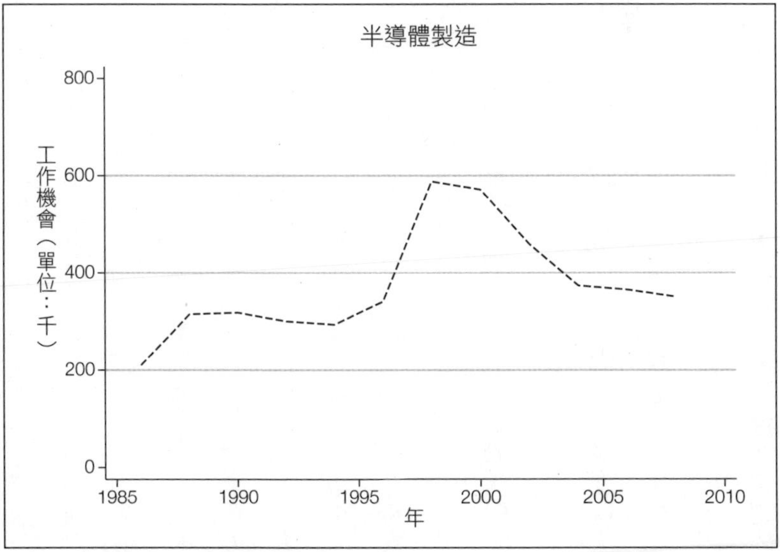

【圖1-2】電腦與半導體製造業工作變遷

與組裝都已經外移海外，就像我們在iPhone所看到的例子一樣。第一批兩百部蘋果第一代電腦，是一九七六年賈伯斯（Steve Jobs）和沃茲尼克（Steve Wozniak）在名聞遐邇的洛思阿圖斯（Los Altos）賈伯斯車庫裡生產出來的。有好幾年，產品都沒有遠離特定區域。一九八〇年代，蘋果在加州費利蒙（Fremont）的工廠，製造絕大多數的麥金塔。但是在一九九二年時，蘋果關掉這座工廠，轉移生產線，先是去加州和科羅拉多州更廉價的地區，接著到愛爾蘭和新加坡。其他所有的美國企業都依樣畫葫蘆，照著這個模式走。套句知名作家詹姆士．法洛斯（James Fallows）的話：「美國人人皆知戴爾、索尼、康柏、惠普、聯想、IBM、蘋果、NEC、Gateway（宏碁的子公司）、東芝這些電腦。卻幾乎無人聽過廣達（Quanta）、仁寶（Compa）、英業達（Inventec）、緯創（Winstron）、華碩（Asustek）。然而，有將近百分之九十的知名品牌筆電，實際上都是由這五家公司位在中國大陸的工廠製造的。」

諾貝爾經濟學獎得主克魯曼曾開玩笑說：「蕭條、通貨膨脹失控或內戰，或許會使一個國家變窮，但唯有生產力提高能使其富裕。」他說的對。數據顯示，過去兩百年來，美國人的平均收入已經緊追上勞動產能的增長。這對全世界每一個國家皆然，對歷史上絕大部分時代亦然。這是合理的。畢竟，更高的勞動產能僅意味著每位員工每個鐘頭工時能產出更多產品而已。那麼這些提高的產能從何而來？遍觀人類歷史，創新與科技進步一直都是改善人們生活水平的顯著動力。創新是推動西方經濟的推動力，使西方經濟在工業革命爆發以來，得以史無前例的速度成長茁壯。總之，我們的物質幸福，可說是取決於持續不斷創造的新思想、新科技和嶄新的產品。

掏空的美國勞動市場

全球化與科技變遷對勞動市場所造成的影響，始終都強烈不均。製造業的藍領工人員額自一九七八年以來就已驟降，可是製造業裡的工程師員額卻翻倍成長。一般來說，整個美國勞動市場裡的工作機會，始終集中在高技能、高薪工作（專業、科技和管理職位）及低技能、低薪工作（食品業、個人保養和保全服務業）。至於中等薪水、中等技能的白領和藍領員工，工作機會急遽下降。麻省理工學院勞動經濟學家大衛・奧托（David Autor）就曾指出，勞動市場正在流失它的中等階級，漸漸掏空。

新科技往往偏愛高技能勞工，對許多中等技能職業的勞工需求減少，反而幾乎不影響在技能幅度裡要求最低的工作。奧托曾在二〇〇三年的一篇頗具影響力的論文中，呈現出電腦與機器人在執行例行任務上格外有效率——就是那些只要遵循明確規則就能完成的差事，譬如重複性的客服、檔案管理及中等收入白領工作的許多其他差事——可是，它們在非例行任務上就效率不彰了。舉例來說，以往由銀行出納員執行的工作，如今改以自動櫃員機或網路程式來操作。然而，牽涉到非例行性任務的工作——不論是抽象或人工——電腦和機器人的表現就差強人意。諸如木工、卡車司機、清潔工、保全人員，還有其他從事非例行手工任務的人，一直沒有受到電腦什麼衝擊。牽涉到「非例行性解決問題和複雜的溝通任務」——科學、工程學、行銷學和眾多其他領域裡的那些工作——事實上透過電腦操作的產能更高。比方說，記者、建築師或科學家現在的產能更高，因為他可以在工作時使用電腦和網路。

美國重量級作家菲利普・羅斯（Philip Roth）的經典小說《美國牧歌》（*American Pastoral*，後改編成同名電影，中文片名為《美國心風暴》），描繪了一九六〇與七〇年代美國社會思潮的轉變，記錄紐澤西州一個猶太家庭的興衰。隨著主人翁西摩・「瑞典」・黎沃夫（Seymour "Swede" Levov）[7]的個人美夢一一實現，作者羅斯鋪陳的紐華克（Newark）社會結構，同樣淒美現身。故事中，黎沃夫接手了一家小型的手套工廠——一個藍領工人深深依戀的工作，但逐漸在消失的微型宇宙；工人深以他們所擁有的技能為傲，樂在傳授其手藝給下一代。羅斯刻畫了工作完成後所帶來的滿足與自尊，用這些工人的價值觀，對比於把人連根拔起、轉瞬即逝的新興勞動力。手套工廠裡穩定的中產階級工作，已被流動率高、不怎麼自豪、更危險的臨時工差事所取代。

勞動力被掏空與中產階級蒸發，並不是個過時的趨勢，也不是紐華克或美國特有的現象——它遍及所有工業化國家。奧托曾研究從一九九三年起，歐盟十六個主要經濟體裡，三大職業——低、中、高薪——的變遷。和美國情形並無二致，所有國家的中等薪資工作都減少，而低薪與高薪工作都增長。

歷史的潮起與潮落

我們都把人生最美好的一段日子消耗在工作上。每天清晨道別摯愛的家人，飛奔到我們的辦公室、小隔間、櫃檯、工廠、實驗室，要不然就是我們稱之為「上班」的所在。一天裡的絕大多數時間，一年裡的絕大多數日子，還有我們人生中的絕大多數歲月，我們殫

7 譯註：小說中男主人翁本名是「Seymour Irving Levov」，但因為金髮碧眼，被暱稱為「Swede」（瑞典人）。

精竭力奉獻給我們的工作。我們的工作變得舉足輕重，乃至於很多時候，工作定義著我們，甚至我們如何認知自我。它們決定了我們的生活水準，還有我們住在何處。對我們當中有些人來說，我們的薪資和工作時程表，決定了我們會擁有何種家人、能養得起多少個孩子及能有多少時間陪伴他們。簡單來說，我們的個別與共同的幸福，取決於有什麼樣的工作可做，以及那些工作能有多安穩。這種糟糕的狀態已經持續了很長一段時間。

我講的並不只是二〇〇八至二〇一〇年間的大蕭條。蕭條和經濟繁榮一直都影響著坊間有多少工作，以及工作的業種，而自從二〇〇八年後，這些年來，這方面的狀況越來越困難。然而，蕭條和繁榮只是短暫的現象。它們的起起落落始終都會發生，未來也永遠都會有。它們不過是整個大局的一小部分。更為重要、也更耐人尋味的是，最終決定我們生活水準的長期趨勢。

最近，我們看到製造業長期衰退的就業率出現可能減緩的一些趨勢。中國的薪水攀升，可預期繁榮緊接而來。中國的人民幣開始升值，從美國企業的角度來看，已經大大增加了勞動成本。在遷廠海外多年後，「奇異公司」（General Electric）在肯塔基州重啟工廠。雲端備份設備廠商「Carbonite」已經從印度遷回波士頓，買下一家客服公司。「奧的斯電梯公司」（Otis Elevators）在墨西哥設廠了二十年，正打算把生產線從美墨邊境的諾加利斯（Nogales）遷回到南卡羅萊納州（South Carolina）。我們甚至看到了相反於外包的「內包」（insourcing）跡象，外國企業到美國投資設廠。一家稱為「運城集團」的中國企業已經在南卡設廠，因為它發現這樣比上海划算。所有這些跡象讓專家與評論家察覺到，美國製造產業即將重出江湖，將有一番新作為。雖然這些個案成了媒體報導的寵兒，但並不具代表性。它們之所以引起我們的注意，就是因為它們是違背趨勢的例外。[8]

二〇一一年製造業就業率意外增長，進一步助長了製造業即將復甦的看法；那是多年來生產線的工作機會第一次顯著成長。可是，二〇一一年的收益之所以備受媒體青睞，是因為它緊接在二〇〇八至二〇〇九年經濟衰退期非常之糟的廣泛失業率而來。往前看，我們在【圖1-1】所見到的長期走勢，恐難有所改變。

在遭逢痛苦的失業問題時，許多人堅持認為我們也應該走回頭路，保護製造業不受外界和內在威脅。有人相信，美國人即將製造出某些獨特又非凡的實體商品，而且我們應該傾注聯邦政府全副力量，幫美國「好的藍領工作機會」止血。還有無數的新聞外稿評論、紐約時報專文及一波波新書，提出更複雜的立論，主張適當立法可止住製造業的衰退。這

8 作者註：在運城企業的個案裡，遷廠到南卡的關鍵因素，是南卡州政府給予的慷慨節稅優惠。

番說法，總有動人的標籤，名之為「國家製造業政策」，可是恆常不變的，總牽涉到貿易保護政策、社會津貼，或兩者皆有。

基本上，「製造業的政治激進分子」打算挑戰歷史。他們的主張——複雜的立論與其民粹主義的手足——忽略了單純的事實，那就是導致製造業衰退的動力很難止住。就如同深信自己可以讓海浪後退而後噤聲的英國克努特國王（King Canute），政治激進分子根本無法指揮歷史的演變。

倘若工作不在製造業裡，那會在哪裡？美國目前有一億四千一百萬名勞工。大約有一億一千兩百萬工人在私人產業工作，其餘的在各個政府單位就職。我們全體勞工每年投注兩百五十二兆兩億兩千八百萬個小時在工作上。假如再也不製造實體產物，那我們整天都在做什麼？更重要的是，我們明天做什麼？什麼來激勵我們往前邁進？

第二章◆聰明的勞工：晶片、電影和機器人

多米尼克・格林（Dominic Glynn）是數學家，如果你覺得整天做數學很乏味，不妨再多想想。格林是有色族裔科學家，也是「皮克斯動畫工作室」（Pixar Animation Studios）的頂尖工程師，他的人生歲月都在那裡賦予動畫角色生命。他的辦公室，位於加州愛莫利維爾（Emeryville）皮克斯的鮮豔紅磚廠裡，裡面擠滿了玩具，這在皮克斯裡是極常見的情景。他曾經參與多部電影，包括《汽車總動員》（Cars）、《料理鼠王》（Ratatouille）、《瓦力》（WALL-E）、《天外奇蹟》（Up）和《玩具總動員3》（Toy Stcry 3）。倘若你喜歡那些電影裡的色彩，就得謝謝格林的團隊。格林年方三十多，擅長演奏巴洛克古提琴（baroque violin），有一個三歲的漂亮女兒。見面時，他正忙著完成《汽車總動員2》（Cars 2）。他告訴我，他所運用的數學很簡單，可不知為什麼我就是不相信。從科技上來說，他所做的事稱為「映像控制工程」（Image Mastering），基本上包含為人類色彩視覺創造數學模式，結合色彩科學、電腦科學還有數學。他從方程式著手，結果卻是多采多姿、令人驚奇的故事，讓皮克斯成為產業中的佼佼者。

皮克斯的創意基因深植人心。工作室由經典片《星際大戰》（Star Wars）導演喬治・盧卡斯（George Lucas）創立，後來被蘋果電腦的賈伯斯收購，再來是迪士尼入主。打從一開始，這家公司的特色就是在藝術與科技之間進行深刻的對話。起先，科技面獨攬大局。

早期，皮克斯幾乎只是個電腦硬體公司。它的「皮克斯圖像電腦」，就是設計給醫院和醫療研究機構專做繪圖使用的，但是十三萬五千美金的售價實在太貴了，很難暢銷。在創新相互得益的交流中，有個引人矚目的例子，一名叫約翰．拉薩特（John Lasseter）的員工開始製作電腦動畫短片，企圖展示這個科技產品的視覺張力。一九八四年，在產業大會上，拉薩特展示了一齣名為「安德魯和威利的冒險」（The Adventures of André and Wally B）的短片，大家為之風靡，隨即把這樣的影像視為電腦動畫產業的突破性躍進。

皮克斯找到了它真正的使命。於是，它褪去硬體的那一面，轉身投入電影製作。躋身在製藥實驗室與生物科技新創公司之間。今日，皮克斯的廠區是一家想像力的工廠、一座主題樂園。它最自豪的是結合發明家、藝術家還有影業裡的一些怪咖，在商業上締造了輝煌成就。拉薩特如今是該公司的首席創意主管，曾執導多部賣座轟動的影片。媒體愛他，不光是因為他過人的藝術天分，也因為他一身五彩繽紛的夏威夷襯衫；顯然他不屬於西裝革履那一掛。

正當皮克斯不再碰電腦硬體時，藝術與科技間的拉鋸戰仍持續不輟，甚至是公司成功與否的根基。每一部電影的製作，都是企劃案藝術端與科技端之間不斷的來回拔河。像格林那樣的科技人工作，是藉著發展技術來捍衛藝術，讓故事、人物和視覺得以興盛發展。

往好的方面說這是創新，融合科技創意與藝術表達，產生新穎且價值不菲的東西。透過科技與創意的進步，皮克斯已經從根本上改變了動畫片製作的方法。過程中，它成了一個家喻戶曉的名稱，商業上的成就前無古人，幾乎贏得全球影評家的讚譽，榮獲二十六座奧斯卡金像獎，每一部電影都超過兩個獎項。

皮克斯的成就，終歸來自格林這類人才的天分與創意。在一個我們的消費品全產自亞洲的時代，夢想的製造仍發生在加州。帶著類似迪士尼的氣氛，公司花園裡滿是《玩具總動員》的木偶，無政府狀態似的動畫師小隔間，感覺上就是典型的美國風格。很難想像公司總部竟要遷到深圳。

創新是怎樣的工作？

過去五十年來，美國經濟已逐漸從傳統製造業轉向知識、思想與創新的開創。正當傳統製造業工作不斷消失的同時，新創產業卻不斷增長。很快的，新創產業就將步上製造業在一九五〇至一九六〇年代時的情景：美國最重大的繁榮引擎。

一九八〇年代至一九九〇年初期，全球的創新大體上穩定發展，全世界專利品每年約有四十萬筆。可是，自一九九一年來，全球對研究發展的投資一直都在增長。全世界取得專利的發明數量，二〇一〇年時直逼八十萬筆，而且每年都在刷新紀錄。在美國，二〇一〇年名列前茅的專利製造者是IBM（五八六六筆）、微軟（三〇八六筆）、英特爾（一六五二筆），還有惠普（一四八〇筆）。專利的最大項目是製藥（凸顯了生命科學產業對美國的創新何其重要），緊接在後的是資訊科技、化學與材料科學、科學器具、通訊，以及排名低很多的最新產業如奈米科技。想找到與傳統製造業相關的項目，你得潛到深海去，找到三十七和三十八類：陸上車輛和金屬加工。相較於二〇一〇的排名，一九九二年的排名看起來宛如史前時代。一九九二年時，IBM已接近奪冠，可是資訊科技與生命科學卻相當不起眼；與此同時，生產傳統製造業產品和攝影設備的公司，卻高居發明家榜首。佳能、富士和柯達在那一年全都在十大專利品製造廠的榜單裡。

新創產業裡的工作機會並不容易界定，因為創新有許多種形式。當然它們都包括了高科技產業：資訊科技、生命科學、乾淨科技、新材料、機器人技術，還有奈米技術，然而新創產業裡的工作同時也包含了科學與工程學以外的勞動市場。正如格林和皮克斯，新創產業裡的工作往往出現在意想不到的地方。它們全都具備的共通點就是：徹底運用人類的資本和人類的巧思。

但有越來越多人質疑新創產業對美國經濟的重要性，認為增加其就業率，不足以抵銷製造業的流失。眾所周知，英特爾前執行長安德魯．葛洛夫（Andrew Grove）曾批評美國：「錯以為新創產業能創造美國的就業機會。」泰勒．考恩（Tyler Cowen）的重量級著作《大停滯》（*The Great Stagnation*）主張，臉書或推特等企業並沒有很多雇員，因為它們依靠的是使用者供應絕大多數的內容，但基本規模太小，難以取代以前的產業巨人如福特車廠和通用汽車。

然而，數據所浮現的景象卻複雜得多。來看看網路產業的就業情形。在看到數字之前，我懷疑網路就業機會是否真的有成長；畢竟，網路已經變成我們最愛的場所，看新聞、購物、搜尋資訊、彼此交流及找尋伴侶。可是，我沒有預料到其僱用率的驚人本質。我使用人口普查局收集而來的海量商業數據，估算出網路產業的工作在過去十年來增加了百分之六百三十四，甚至超過全美國同期其餘的所有工作數量。這個數字甚至並未包含高科技產業外與網路相關的工作就業率，譬如線上購物的物流。如你在【圖2-1】所看到的，過去五年間就業率增長爆量，而且持續加速。假若其餘的勞動市場也已經如網路產業這樣增長，不僅不再有失業，每個人還會有兩個新的工作機會，包括嬰兒和老年人在內。這個產業所賺取的薪資總額甚至更為驚人——以今天的幣值來算，十年間成長了百分之七

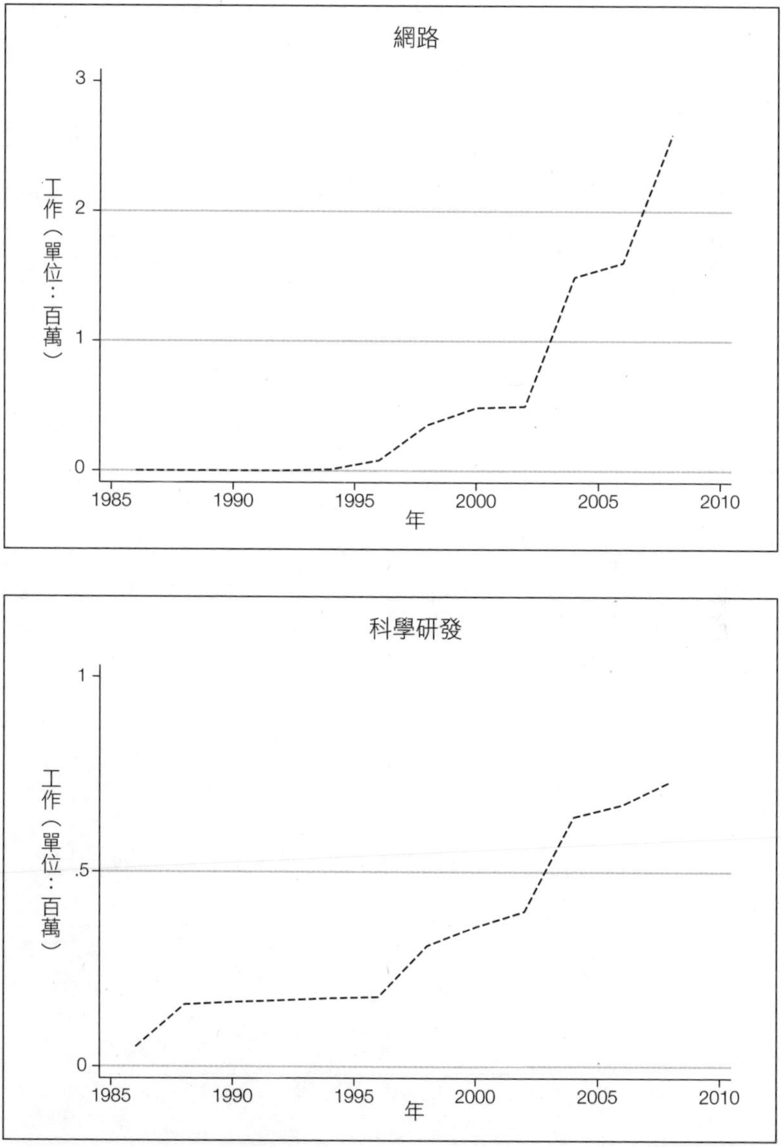

【圖2-1】新創產業的就業增長

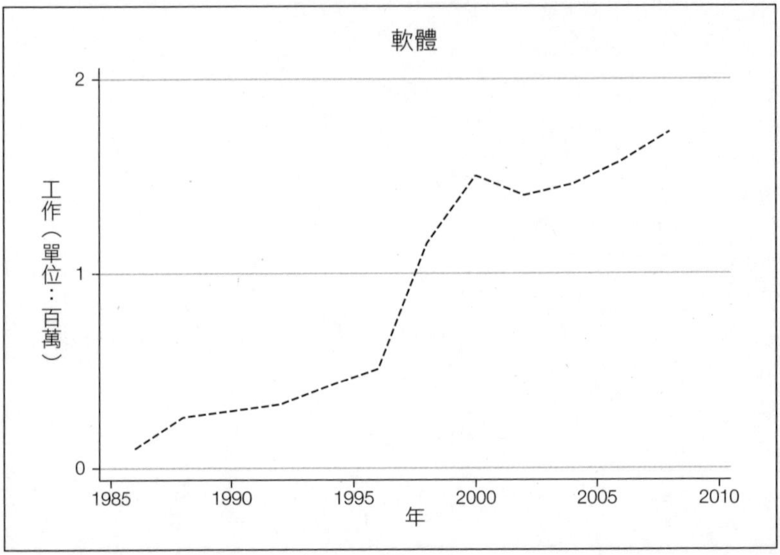

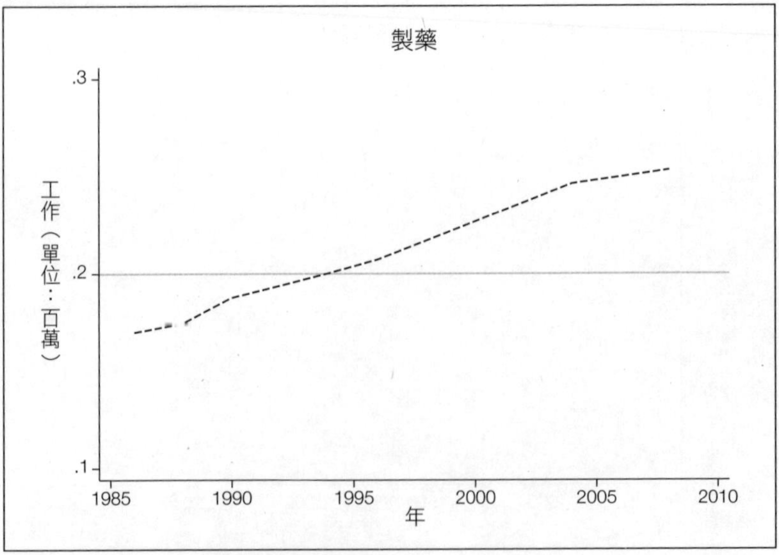

【圖2-1】（續）新創產業的就業增長

百一十二。

懷疑論者指稱，臉書在它的門洛公園總部，直接僱用的員工僅一千五百人，另有一千人散布於美國各處，這個說法一點也沒錯。這個數字在快速增加中，可是奇異公司和通用汽車公司在美國各地分別有十四萬和七十九萬名員工。但臉書只不過是個平台，使它魅力無窮的絕大多數應用程式ＡＰＰ，都是其他公司創造的。有些企業，譬如遊戲製造商星佳，員工人數都比臉書多。近期有一份研究指出，生產臉書相關ＡＰＰ的各個公司已經直接創造了至少五萬三千份新工作，並且在相關的商業服務產業裡，直接創造了至少十三萬多份工作。這些可不是微不足道的數字，與臉書相關的薪資及獲益價值，總和更超過了一百二十億。

經濟學家米雪爾．阿麗斯波爾（Michelle Alexopoulos）曾煞費苦心用各個產業的技術手冊，廣泛收集後二次大戰以來的科技創新數據。她發現，資訊科技的進步，是過去五十年來，就業、產能與投資成長的最重要來源。同樣的，全球管理諮詢公司麥肯錫（McKinsey）估算，在二〇〇四至二〇〇八年間，美國經濟成長裡，光是網路產業本身就貢獻了大約五分之一。

軟體產業的成長同樣令人稱奇。你或許並未察覺到，因為絕大多數的媒體報導都在強調印度班加羅爾（Bangalore）等軟體工作外包業務。但是，數據卻告訴我們，過去二十年來，美國的軟體工作實際上成長了百分之五百六十二——雖不如網路產業那般突飛猛進，但仍是其他勞動市場的三十三倍之多。（最顯著的例外是程式設計。程式設計基本上不如軟體工程師和電腦科學家技能高，始終有較多「委外」和自動化。）

二十年來成長三百倍的就業率，讓生命科學研究成為另一個新創產業的中流砥柱。這個數字只計入民間產業的研發——比方說生物科技——並未涵蓋大學或政府實驗室內的研究人員。「美國勞工統計局」（The Bureau of Labor Statistics）將生物醫學工程專家評估為未來十年成長最快的職業狀元，預估成長率為百分之七十二。醫藥科學家、生物化學家和生物物理學家也都名列前茅。

先進製造業——從機器人技術和製藥，到電子產品與先進醫療器材等等一切——是另一批重要的新創產業。蘋果、ＩＢＭ和思科系統（Cisco）畢竟都是製造業，而且所有在美國進行的民間研發工作，大部分都來自先進製造業。近期研究發現，先進製造業公司行號雖只占所有製造商的一小部分，卻能創造最大價值，並擁有最高產能。雖然就業成長不快，但比起新設立的新創產業，製藥卻更穩定。舉例來說，**【圖2-1】**裡的第四張圖即顯示，製藥商在過去三十年來都有穩定獲利。雖然這個產業並非統統都能創造就業機會——

如我們在電腦和半導體裡所看到的——先進製造業較傳統製造業擁有更好的發展。重要的是，各種工作變換迅速，藍領工人的就業機會越來越少，工程師、設計師和行銷專家的就業機會卻越來越多。這一點和iPhone之類供應鏈的擴散有關，商品在美國由美國企業設計、以美國科技打造，但實體卻在海外生產。

不過，新創產業包羅萬象，非僅止科學和工程。它涵蓋的企業如娛樂、工業設計、行銷，甚至金融業，五花八門。光是過去三十年，創投（Venture Capital）就已經投注了大約二十億，讓兩百家金融服務公司創業。根據業界領袖之一，帳單支付公司「BillFloat」執行長所說的，總計起來，那就是「創造了數萬份工作機會」。再來看看「繁榮市場」（Prosper），它是一家新創的點對點網路借貸公司，媒合個體貸款人和個體借款人，創造出比主流銀行更有利的貸款條件。不久前某一天，繁榮市場上有一位加州母親需要五千美元返校復學、一名亞利桑那州的藝術家需要四千美元買貨卡把畫作拖運到畫展去、一位納帕山谷（Napa Valley）的釀酒廠需要四千美元購進新的橡木桶盛裝二〇一一年的收成，還有一個密西根州的電視製作人在找資金改善他的電視實境秀。從科技的觀點來看，繁榮市場的創意並不特別複雜：就只是一個網站，讓這些需要錢的人和那些有錢的人相遇。但若從社會觀點來看，它讓做小生意的人和家庭得以透過借貸的方式做革新。在運作當中，同時也在繁榮市場本身，與它所支持的商業活動都創造了就業機會。

二〇一〇年，美國核准了三千六百四十九項專利，給金融或商業執行方式的創新，是新創產業最重要的類別之一。目前，由於二〇〇八至二〇一〇年引發經濟蕭條的衍生性金融商品所帶來的前車之鑑，美國大眾對「金融」創新的社會價值相當反感。不過，這可能是過度反應。縱有重大的例外，金融創新大體上對美國經濟成長饒有貢獻。終究，飛機以負擔得起的票價把人們從美國的某個角落運送到另一處，和透過創新以航空科技進步來抵銷燃料成本，兩者是息息相關的。

數位娛樂業是另一個快速茁壯的新創產業。在皮克斯，格林身邊有八百餘人和他一起共事。並不是人人都能在全球頂尖的電影公司上班，但數位娛樂產業在過去二十年間創造了數千份工作。一九七六年《星際大戰》電影開拍時，特效是用塑膠的太空船模型，搭配手工繪製的星系背景。一九九〇年代開始，特效毅然決然轉移到數位領域。今天，有越來越多的電影、電視節目和廣告都會使用到數位元素。數位音樂商業活動也快速成長，像串流服務「Pandora」和許多小型網路公司，這些都改造了我們體驗音樂的方式，從根據社交網路所做的播放列表系統，到創新的檔案分享系統，從手機卡拉ＯＫ到可以在自家車庫扮演搖滾明星的新工具。當然還有電玩。我小時候，電玩還是簡陋的黑綠兩色圖像及不斷重複的噪音沙沙作響。今天，電玩在視覺上已是漂亮動人的現實重現。挾著一年高達兩百億的收入——超過電影和音樂產業的總和——電玩遊戲儼然商業大巨人，提供了數萬份就業機會。

最終，美國的勞工是否製造實體產物根本無關緊要，不管是給電動車使用效能更好的鋰電池，還是非物質的東西，像是更好的搜索引擎。要緊的是，美國的勞工要能生產創新獨特或不易遭到複製的商品或服務。面臨激烈的全球競爭時，這是唯一王道，能開創出待遇優渥的就業機會。

創新為何對你很重要

我主張的是，創新是美國繁榮的新引擎。但那究竟意味著什麼？「經濟引擎到底是什麼？」帶動經濟引擎的未必是國家最大的產業，弄清楚這一點很重要。創新工作的總額，估算方式大有不同，端賴我們究竟如何定義創新，不過有個合理的估算是：美國所有就業裡，有百分之十屬於新創產業。縱然那個數字還在成長，但新創產業永遠不可能在我們就業率裡占絕大多數。簡言之，一般美國勞工永遠不會被網路新創公司或皮克斯僱用。即使製造業在巔峰時期，其僱用員工也不曾超過美國勞動力的三成。

理由很簡單：現代社會裡的絕大多數工作都是在地服務。大家做的工作不外服務生、水電工、護理師、教師、房地產經紀人、髮型設計師和個人教練，提供的是在地生產並消費的服務。這類產業的存在，只是為了服務某地區居民的需求，絕大部分不受國內和國際競爭影響。經濟學家稱之為「無法貿易的行業」（non-tradable jobs）。這些工作之所以「無法貿易」，是因為它們無法從生產它們的這個地區向外輸出：你必須在它們的產地內消費它們。[1]

以瑜伽為例。今天瑜伽是一門大生意，而且發展蓬勃。珍妮佛・安妮斯頓（Jennifer Aniston）最近對《時人》雜誌聲稱，「瑜伽徹底改變了我的生活。」她的同好很多。很多明星，包括瑪丹娜和史汀，都深信不疑，還有大約一千五百八十萬規律練習瑜伽的人亦若是，而十年前這個數字才四百萬。這個產業每年在課堂、療養院、私人指導，甚至瑜伽郵輪上，創造出六十億營收。作家瑪麗・比拉德（Mary Billard）這樣說道：「禪是昂貴的。」從瑜伽純粹主義者的觀點來看，這個說法或許語帶褻瀆，但是從創造就業的觀點來看，卻是黃金。美國有數萬人是瑜伽老師，是今天二十六萬一千個美國人所謂「健身工作者」的一部分。這個數字在可預見的未來還會快速成長，因為越來越多的美國人使用瑜伽中心、健康俱樂部和健身設施。

瑜伽教練僅是龐大的無法貿易行業網絡裡的一小部分。在美國，有三分之二的就業機會都在這類產業裡。隨著保健養生產業一馬當先、蓬勃發展，過去二十年裡所創造的兩千七百萬個工作，絕大多數都屬於這類無法貿易的行業。甚至在矽谷，居民寧願在商店裡工作也不願到高科技工廠做事。

相反的，新創產業裡的大多數工作都屬於可貿易的行業，連同傳統產業的工作、某些服務業——部分的金融業、廣告業和出版業——以及農業都是，還有開採業，諸如石油、天然氣和伐木業。這些行業占了所有就業率大約三分之一，但它們卻是天差地別，因為它們所產出的商品或服務，多半銷售到這個地區外，因此需要在國內和全球市場上面臨競

1　作者註：我在這裡是以在地觀點來定義無法貿易的行業。經濟學家使用的無法貿易行業的定義，是以國內觀點界定的。以城市層次進行交易的工作，並非全數都會以國內層次進行交易。比方說，提供國內新聞的「國家廣播公司有線電視新聞頻道」（MSNBC）、福斯新聞頻道（Fox News）和「全國公共廣播電台」（NPR）所提供的服務，以城市的觀點大多數是可貿易的，但從國家的觀點是無法貿易的。這個定義並非一直都完美無缺。多數在餐廳的工作，都屬於無法貿易的行業，因為它們只滿足當地居民。可是在觀光景點如拉斯維加斯，餐廳的工作屬於可貿易行業，因為它們主要服務的是外來客。

爭。例如微軟和波音輸出絕大部分產品，給不住在西雅圖的消費者。谷歌也是，提供的網路搜索服務，主在被用在其加州山景城（Mountain View）總部以外的地區。

矛盾處在於，大量的工作在無法貿易的行業裡，這個行業卻不是促進我們繁榮的動力。反之，我們的繁榮主要仰賴可貿易的行業。理由有兩個。第一個理由是，兩種行業裡的產能提高方式並不一樣。如前所述，在無法貿易的行業裡，有許多產業的勞動產能成長並不多。今天，教一堂課所需要的瑜伽教練，數量和五十年前是一樣的，而且恐怕永遠不會有所改變。今天，一次心理療程所花的時間和佛洛伊德年代是相同的，粉刷房屋、修理漏水、保母工作及房屋銷售，或多或少一如既往，需要的勞力是一樣的。雖然無法貿易的行業有某些產業提高了一些產能，比方說醫療科技改良，使得醫師和護理師產能更高，但更典型的例子卻是產能提高都很有限。對比之下，感謝科技進步，可貿易行業裡的產能假以時日卻能有所精進。如我們已經看到的，現在製造一部汽車，比一九五〇年時少了百分之七十五的工時。多虧創新不斷一波接一波，高科技行業裡的勞動產能甚至飆升得更快。

對就業問題的爭議，多半忽視了這樣一個重點。無法貿易行業與可貿易行業兩者間的這種產能差異很重要，因為，如我們所見，提高勞工生活水準的唯一之道，就是提高他們的產能。有趣的是，貿易行業裡勞工產能越高，不僅代表在這個行業裡勞工薪水越高，也意味著在其他行業裡勞工薪水也越優渥，尤其是那些具有類似技能者。歷史上，當製造業的薪水往上調高時，其他的行業也必須加以調整，才能維持競爭優勢。譬如，即便建築業裡的產能持平，但建築商仍須提高木工、屋頂工和水電工的薪資，免得他們跑去做製造業的工作。因此，縱然製造業只占了勞動力的一小部分，但數十年來其動力始終強大，足以促進美國勞工——包括那些在服務業內工作的人——加薪。從這個角度來看它的衰敗為何如此可怕，原因昭然若揭。同樣清楚的是，為何新創產業的崛起至關重要，因為等待被拯救的，不只是傳統產業裡的各種就業機會，整個經濟體亦然。

第二個相關的理由是，新創產業的崛起與我們所有人息息相關。第一個理由反映的是國內產能的力量，第二個理由反映的則是同樣重要的在地力量。每一次某公司在新創產業裡創造就業機會時，也直接在同一個城市裡的無法貿易行業裡，創造了額外的就業機會。吸引新的科學家、軟體工程師或數學家到某個城市，可以提振在地服務的需求。反過來，這意味著有更多的工作機會給汽車駕駛、清潔工、木工、保母、髮型設計師、醫師、律師、遛狗人，還有心理治療師。這些在地服務勞工圍繞著高科技勞工，應援對方的個人需求。就本質上來看，以城市的觀點而言，一份新創產業的工作，不只是一份差事。

容我介紹小企業主提姆・詹姆斯（Tim James），來看看這種乘數效應的作用。詹姆斯是舊金山的一名裝訂商，其客戶絕大多數是當地的居民和在地商家，毫無懸念他是無法貿易行業的一分子。他僱用了八名裝訂書籍與製作客製化印刷的勞工。他的員工用手工做事，教育程度都低。假如你造訪過他那個陰暗窄小、點著霓虹燈的店鋪，會注意到的第一件事情，是室內擺著好幾部精美的老式裁切機和裝裱機。極目四顧堆滿了紙，地上整齊堆放著幾疊備用的，其餘的紙則排列成一小行一小行。機器和地板覆滿塵埃。裝訂書籍顯然是個勞力密集的手工藝。詹姆斯店鋪裡使用的高科技產物，過去三十年來幾乎沒什麼改變。

雖然詹姆斯的店鋪絕對是低科技，但他的生意多年來和那斯達克綜合指數（NASDAQ）的高低起伏亦步亦趨，而那斯達克指數反過來密切追隨著舊金山高科技廠商的表現。一九九〇年代，網路熱潮之際，詹姆斯的生意一飛沖天。那些年裡，高科技的員工身懷現金湧入當地餐館酒吧，蓋新房子，聚集在當地的健身房，大大增加了在地服務勞工們的收入，也包含書籍裝訂商。詹姆斯為了跟上對其商品需求的激增，僱用了三名新員工，還給每個員工加薪。而緊接在後的網路泡沫化期間，對詹姆斯產品的需求——連帶他的員工數量——滑落，直到近期才拜當地高科技產業所賜，得以恢復。

詹姆斯的經驗並不是特例。的確，它完全驗證了創意工作與在地服務業的強烈關聯性。雖然新創產業只占就業市場的一小部分，但卻能製造出數量上不成比例的額外在地工作，而且能深入塑造在地經濟。一個健全的可貿易行業能製造薪水優渥的工作，能在無法貿易行業裡創造額外的就業機會，因此可以直接嘉惠地方經濟。真正值得注意的是，對地方經濟的這種間接效應，比直接效應的作用大得多。根據我對三百二十個大都會地區、多達一千一百萬名美國勞工所做的研究顯示，在大都會區裡，每一份高科技工作長期下來都會在高科技產業外，多創造出五個在地就業機會。

前面我已經提過，不過現在看來似乎更耐人尋味。這五份就業機會嘉惠各式各樣的勞工。乘數效應所創造的工作機會，有兩份是專業工作——醫師和律師——而其他三份工作嘉惠的是非專業行業的勞工——服務生和店員。以蘋果電腦為例，它在庫帕提諾僱用了一萬兩千名勞工。透過乘數效應，該公司在整個大都會區創造了超過六萬份額外的服務業工作，其中有三萬六千份工作是非技能工作、兩萬四千份工作是技能工作。不可思議的是，這表示蘋果公司對該地區就業率的主要影響，是高科技以外的工作機會。難以置信的是，蘋果電腦也是詹姆斯的客戶之一：賈伯斯去世時，詹姆斯受僱製作他的家庭弔唁簿。基本上，在矽谷，高科技工作是帶動地方繁榮的誘因，而醫師、律師、屋頂工和瑜伽教練是結果。事情再簡單不過，每天下班後，總有人要去上那些瑜伽課。

可貿易行業裡的所有工作都具有乘數效應，但是新創產業的乘數效應最大。我的分析顯示，在傳統產業裡的一份工作可以創造出一點六份額外的在地服務業工作——比高科技的效應少了三分之一。歐巴馬總統的前任「製造業沙皇」（manufacturing czar）[2]羅姆．布魯姆（Ron Bloom）常說：「假如你開了一座汽車組裝廠，沃爾瑪就來了；如果你開了一間沃爾瑪，汽車組裝廠卻不會跟著來。」他說得沒錯：製造業的確能創造地方服務業，這一點是社區最大的好處。但是他忽略了一個事實，那就是假如一個社區吸引的是網路或類似規模的生技公司，在服務業裡創造就業機會的效應就會更大。它不止會創造出三倍的就業機會，那些就業機會的薪水還會比沃爾瑪優渥。來看看西雅圖的例子。雖然諸如波音這類的製造業公司，在西雅圖的職缺是微軟的兩倍，但最後所創造出的工作機會卻不如人家。

高科技的乘數效應為何比其他產業大如此之多？高科技有何特殊？首先，高科技勞工的待遇非常優渥，薪水與福利基本上都高過一般人。這表示，他們消費在地服務比其他勞工多，因此能創造出更多的在地就業機會。這些員工擁有較多的可花費收入，因此他們會上館子、找髮型設計師、去看心理治療師的頻率也較多。根據微軟的公司年報，微軟的每位員工平均年薪是十七萬美金。這是個令人咋舌的數字，尤其是當你想到這裡面還包含每一位員工，包括祕書和清潔工在內。扣除員工花在非在地的商品、房屋、稅金和儲蓄上的費用後，這份薪水還剩餘八萬美金，可供花費在當地的服務業上。光是這個金額，就足以用現行公告的薪水支付兩份在地的非專業性工作。除了員工的個人消費外，高科技公司的運作需要許多在地商業服務，而這意味著有更多繪圖設計師、行銷人員、商業顧問和保全人員。

高科技的乘數效應之所以大，最後一個理由是高科技廠往往坐落位置相近。把一座高科技公司帶進城市裡，最終會擁有更多高科技公司齊聚，因為密集的高科技集團可以讓高科技廠更具創新力也更成功。集團效應同時也存在於製造業，只不過在高科技產業裡特別強烈，很快的我們就會看到其原因何在。其終極結果就是創造更多的在地服務業工作，甚至帶動更大的乘數效應。

執政者和商業領袖喜歡表揚小企業的美德，老是說小企業應該擔負大任，創造最多的就業機會。這一點不假，但絕大多數小企業都是零售業和其他無法貿易的服務業。它們的存亡最終依附在可貿易行業的生命力上，而可貿易行業多是大型企業。假如沒有可貿易行業的收入來帶動，一個城市裡不會有眾多零售業的工作機會。

乘數效應是勞動市場裡不容忽視的特性。目前輿論在議論美國經濟力時，往往局限在

2 譯註：美國政府對某特定產業所委任的監管者。

某團體與其他團體間既有利益的拉鋸：富人的美國和窮人的美國之爭，既得利益者與一無所有者的對立。這股拉鋸放在財務政策上來看確實無誤。比方說，當我們決定該對高所得者課以多少稅時——但在更多其他個案上，這卻是個謬誤的對照——只要考慮到創造就業機會，高收入勞工與低收入勞工間就沒有什麼既有的衝突。的確，乘數效應的重要一課是，經濟力乃一套環環相扣的系統，因此對某個團體好的，基本上對別的人也是好的。君不見漲潮時所有船隻全被抬高了嗎？起碼那些在同一城市裡的船是如此。

新工作、舊工作、回收的工作

新創產業之所以和製造業不同，創造出如此之多的就業機會，其中一個關鍵原因是，今天它仍是個勞力密集的產業。科學研究的主要生產投入是人類資本——換句話說，是人和他們的想法。寫軟體程式仍舊需要耗上數小時在鍵盤上打字。你只要到工作場所看看產品線便知分曉。在工廠裡，廠房地面上最重要的元素無疑是機器，其他所有東西，包括地點和操作者的活動，全都繞著機器轉。在實驗室或軟體公司裡，最重要的無疑是人，而所有一切東西統統圍著他們轉。令人啼笑皆非的是，創造出最創新科技的工作場所，卻依然大量仰賴人的勞力，而製造傳統商品的工作場所卻大量交由機器人代勞。

以數位娛樂產業為例。給一部電影加上數位效果，需要有創意的勞力工作無數個小時。我是和軟體工程師肯特・馬西森（Kent Matheson）一起去觀賞電影《阿凡達》時，才了解到這個過程有多麼勞力密集。馬西森在盧卡斯的特效公司「光影魔幻工業公司」（Industrial Light and Magic）參與製作這部片子。馬西森曾耗費數星期製作其中一架星艦——在長達兩個半鐘頭的片中只出現區區數秒。我的好友班・凡・察斯特羅（Ben Von Zastrow）在皮克斯北邊數英里的一家規模較小的工作室「蒂貝特視覺特效公司」（Tippett Studio）上班。他的工作是以電腦成像（computer-generated，即昔稱的電腦繪圖）幫電影創造小型絨毛動物。就技術上而言，他是燈光特效師（lighting artist）。當然，沒有實體電燈或設備，察斯特羅是用軟體把燈光打在動畫角色身上。他與一大群數位繪圖師共事，他們都有望文生義的職稱，譬如動畫師、模型師、紋理畫家、編輯排版、木偶師，可是他們全都是用鍵盤創造影像。《暮光之城2：新月》（Twilight: New Moon）裡很簡單的小狼，就耗費了察斯特羅和他的夥伴們整整三個月時間製作。

用鍵盤創造影像其實仍維持如此密集的勞力，對這個產業裡的員工而言不是壞事。反之，這是再好不過的事，因為這意味著他們有更多就業機會——起碼現階段如此。當然，總有一天新的軟體問世，數位繪圖師只要花數週而非數月的時間，就能創造出星艦和絨毛小動物，到時候，最終甚至只需數小時或數分鐘。那時，數位繪圖師一開始會興奮莫名，因為他們得以更輕鬆更快地完成工作。可是長此以往，也代表就業機會更少。同樣的，牽引機和聯合收割機取代了農夫，機器人取代工廠的工人，強而有力的電腦和更好的軟體終有一天會做數位繪圖師的工作。

今天的工作看起來更像是技藝而非勞力，這樣的工作終究會商品化、標準化，同時也機械化——它們會失去光鮮亮麗的外表，數量將會萎縮。隨著科技進步，減少對人類勞力的需求，不只數位娛樂業如此，其他新創產業的大多數行業也將如此。我們只能盼望，一旦這樣的狀況發生時，會出現前途光明的新點子和產品，而舊與新的就業機會再度重新徹底洗牌。

認為所有新創產業裡的工作因涉及新科技，所以全都是「新的工作」，但這樣的看法是常見的謬誤。在很多情況下，它們僅是取代了現有的就業機會而已，有時它們甚至會導致整體工作機會變少。比方說，旅遊網站無可諱言曾經締造出社會價值，因為它們讓訂購機票和旅館變得更划算也更便利。數以萬計的「新興」網路工作曾應運而生，專門替「智遊網」（Expedia）和「旅遊城市」（Travelocity）這類公司的網站做設計和管理工作，卻也讓這類工作的失業率更劇烈，全國上下無數旅行社被迫關門大吉。無獨有偶，「網飛」（Netflix）提高了各式各樣影片租賃的選擇，可是這卻也造成數千家錄影帶店陷入倒閉的愁雲慘霧。

創新翻攪出變化不斷的職缺，而其淨效應（net effect）是正面的。法國網路產業有一份分析發現，自網路降臨以來，已經創造出一千兩百萬份工作機會（同時包含直接與網路相關的職缺，如軟體工程師，以及產業外的職缺，例如網路購物的物流），也摧毀了五十萬份工作，因此網路所創造出的淨收益是七十萬份就業機會。在其他工業化國家裡，最樂觀的估算是，每摧毀一份工作，通常可創造出二點六個就業機會。重要的是，雖然失業在地理上是擴張的，但工作收益絕大部分卻很集中。在旅遊網站和網飛的例子裡，西雅圖、紐約和舊金山灣區這些地區，因是網站公司偏愛的位置，都曾受惠於就業率提高，而其他城市則要承受零售業的失業之苦。

為何新創產業的就業機會持續增加

二〇〇七年，一位年方二十七的企業家山姆・勒辛（Sam Lessin）與人共同成立網路創業公司「drop.io」，旨在使大家更方便分享檔案與合作。三年後，一次重大變故中，勒辛把他的網路創業公司賣給了臉書。臉書在支付數百萬元後隨即做了件令人意想不到的事：它關閉了drop.io。原來真相是，臉書要的其實是勒辛這號人物。在矽谷有個新現象，已成立的大企業買下整個新創網路公司，為的不是取得石破天驚的新科技，而是為了延攬領先想到這些點子的那些人。

對於那些在被併購公司裡上班的人，這通常是天大的消息，因為說白了，就是薪水優渥，還加上股票選擇權。《紐約時報》近期曾報導，二〇〇九年臉書買下「FriendFeed」——協助大家追蹤朋友們網上活動的一家公司：「科技人認為臉書是打算能更有效地與推特競爭，但臉書要的其實是FriendFeed幕後十多名專業可敬的產品經理人和工程師」，包含公司的共同創辦人布萊特・泰勒（Bret Taylor）。FriendFeed的牌價據估計約四千七百萬美元，也就是每名員工值四百萬。「我們真的很想得到泰勒。」臉書執行長祖克柏（Mark Zuckerberg）當時這麼說。「有些人在他們的角色上鶴立雞群，不止比某些相當好的人再更好一點點而已。」他繼續道來。「他們要好上一百倍。」

祖克柏的評語發人深省。新創產業的崛起，也提高了對人才價值的肯定，理由很簡單：經濟價值前所未有地如此仰賴人才。二十世紀時，競爭攸關實體資本的累積，今日卻攸關如何能吸引最傑出的人力資本。祖克柏說中了一點，那就是新點子的經濟回報率，史無前例、熱烈非常，同時給予那些想出好點子者的回報也節節高升。「工程師值五十到一百萬美元。」禾根．史密斯（Vaughan Smith）受訪時在同一篇《紐約時報》報導中如此道來。他深知其情，身為臉書的企業發展總監，史密斯是過去四年來臉書延攬逾二十名「人才」的幕後推手。新點子的經濟回報率為什麼增加如此之多？不管如何，你會以為即使三十年前想出新點子也能創造龐大的經濟價值。有什麼改變嗎？基本上，促成這樣節節高升的理由有二：全球化和科技進步。不尋常的是，造成藍領工作率衰退的兩股力量，如今竟點燃了新創產業的崛起之火。

加劇的全球化對新創企業尤其是好消息。理由很簡單——雖然經常在就業與全球化問題的政治雄辯中遭到漠視——新創企業基本上不同於所有其他產業，差異在於其創造利潤的方式不同。來看看軟體的例子：當想到某個新的軟體點子，開發並測試它是昂貴的，可一旦軟體寫好了，就能在沒有實際成本下複製好幾百萬遍。微軟的絕大多數成本都花在開發視窗（Windows）的新版本上——讓它功成名就的命脈——包含僱用工程師撰寫軟體語言。不論賣掉多少套視窗軟體，這些花費大多是固定的。可變動的成本——真正燒錄視窗軟體的實體光碟片和寄送紙箱的費用——相對微不足道。這表示，微軟耗資數十億元製造第一份軟體，但第二套只消幾毛錢。全球市場使得這家公司能夠銷售為數更多的副本，卻毋須增加生產成本。網路服務業、製藥、數位媒體和絕大部分牽涉到先期研發成本的產品亦如是。谷歌每個月耗資數百萬改良它的搜索引擎。不論十個人或十億人使用它的網站，這項投資的花費都是一樣的。同樣的，製造新藥的泰半成本都集中在先期的研究投資上。製造真正的藥物，費用極低廉。

在大多數的新創企業裡，主要產品的成本都是固定的研發費用。產品的變動成本卻通常很低。進入全球市場增加銷售量，大大提高了創造新點子的回報率，卻不會增加成本。因此，把財源投身新創活動的程度，深度雖然出人意表卻毫不奇怪。這不僅對於新創公司的盈虧結餘很重要，對創造就業率也很重要。新創產業的這些特性，和傳統製造業恰恰相反，後者的固定成本可能很高，但變動成本亦相當驚人。舉例來說，生產汽車或服裝，每多出一件產品，就會明顯增加總體成本。因此，市場擴大的獲利，不如新創產業那般受到矚目。

全球化的效應受到全球中產階級擴張的推波助瀾。由於中國、巴西和印度這些國家越來越富強，需要更多的高端產品。這股趨勢的受惠者往往是新創產業。美國出口到中國的產品已經增加了近百分之五百，成長之快，相較於全球其餘國家的出口超過十倍以上；其很大的比例來自加州、華盛頓州和德州，產品都是軟體、科學器材、醫療器材和航太產品。

但除了數字之外，人們普遍對全球化感到不安。調查結果不斷顯示，多數的美國人，包括那些新創產業裡的人士，都相信全球化是導致美國經濟問題的主因。埃里克・史科特（Eric Scott）就是個好例子。他是資深的硬體工程師，畢生幾乎都在高科技界工作。兩年前，他在「杜比實驗室」（Dolby Laboratories Inc.）謀得一份好差事，這家高科技公司位於舊金山，專門幫電影院和ＤＶＤ的音頻運用製作數位音響系統。史科特有一美眷和一個三歲大的女兒，在杜比實驗室附近貸款買了新房。他注意到過去數年來，杜比實驗室一直把新創流程分段外包到低價的亞洲。截至目前為止，他的公司裡尚未被這種外包流程一把抓，但他可以輕易想像到未來泰半的新創工作，包括他自己的在內，都會被外包。這是我們未來的處境嗎？

直到近期為止，絕大部分開發中國家都集中在勞力密集、低技能的製造業，這些製造業根本都是在競價。但有朝一日，它們可能會厭倦僅僅只是生產「加州設計」的商品。中國已經產出比德國和法國更多的專利。無可否認的，這些專利的品質，如其他專利專家所引述，仍難與西方國家匹敵。然而，難以否認的是，中國和印度的新創產業正在穩定成長中。

外包導致傳統製造業絕大多數的製程失去了機會，但新創產業卻相反。為什麼會這樣？近期的研究顯示，中國做越多的組裝工作，印度做越多的客服工作，最後意味著在美國做越多的研發工作，專業人士的工作機會就越多——廣告人、設計師、分析師、會計——這些人都是圍繞著高科技的。來看看「甲骨文公司」（Oracle），這個商用硬體與軟體製造巨人。二〇〇〇年，甲骨文公司在美國擁有兩萬兩千零八名員工，在海外有兩萬零九百一十九人。今天甲骨文公司在美國的員工有四萬名、海外有六萬六千人。美國的比例衰退，但工作機會的實際數字卻是增加的。至關重要的是，待遇最優渥的工作，亦即研發部門的差事，仍然毫無懸念地留在美國，而且數字顯著增加。作家法洛斯曾經說道，印度和中國的勞工「一年賺一千美金，可以幫助美國設計師、行銷專家、工程師和房地產經紀人每星期賺比一千美金（甚至超過）更多。除此之外，他們也造福了母公司在美國的股東們。」

來想想生命科學研究，看看實際上它是如何辦到的。過去十年，許多美國的生技與製藥公司，都將部分的研發活動移往海外。維尼塔·夏爾馬博士（Dr. Vinita Sharma）是印度政府科技部的「國家良好實驗室規範（ＧＬＰ）合規監督局」（ＮＧＣＭＡ）局長；該局相當於美國「食品藥品監督管理局」（Food and Drug Administration）。她是個見過世面、非常認真的人，有豐富的研究與政策方面的經驗。她有個願景：要實現印度做到「隨需製造」的研發服務。與她見面時，她心情極好。印度即將取得「經濟合作暨發展組織」（OECD）檢定證明，可以運作製藥工程、工業化學和農藥的臨床前測試實驗室。這項檢定證明，代表印度現在可以為歐洲與美國的生科公司，提供廣泛的實驗測試。「美國、德國或中國有個點子，我們將提供好的研發給它們。」她說。「我們想要將知識轉化成財富。」

正是這類新措施，讓美國勞工恐懼不已。這將如何影響他們的工作？這個影響到底是正面的或負面的，取決於僱用更多國外研發勞工，是否會使美國公司僱用更多或更少勞工。用經濟學的行話來說，要看外國員工是補充還是取代美國員工而定。達特茅斯學院（Dartmouth College）經濟學家馬修．史勞特（Matthew Slaughter）的看法是，外包並不是零和的命題，因為海外員工通常是補充、而非取代美國的員工：因為每一份被美國跨國公司外包出去的工作，就會在美國創造出將近兩份新工作。這對美國勞工是個不錯的交易。那些新工作往往都是研發、行銷、工程、設計和科學方面的職位。它們擁有優渥的薪水，也具有相當大的事業晉升機會。針對科技領域的離岸外包，最全面的報告之一是出自「美國國家工程學院」（National Academy of Engineering）之手，也贊同「離岸顯然對母公司在美國的各種企業競爭優勢大有貢獻」。

全球化，不是新創產業裡就業和薪資蒸蒸日上的唯一原因。當公司成功讓創新上市——上自iPad下至新藥的任何東西——經常可收取較生產成本更高的價錢。經濟學家稱之為「經濟租」（economic rent）[3]，從這個角度看，一個創新產品就好比是凡賽斯（Versace）的手提包。在精品時尚裡，經濟租來自品牌的魅力；在高科技，經濟租來自給予發明家擁有獨占權的專利品。

誰最終能得到新創產業所創造的利益？消費者會從新的或更廉價的產品中獲得好處；公司行號從更高的利潤中獲得好處。其餘的好處則歸功給參與開發產品的勞工。這表示有更多的就業機會，而且有時是更高的薪水。經濟學家娜塔拉揚·巴拉蘇布拉曼尼安（Natarajan Balasubramanian）和賈格迪什·西瓦達山（Jagadeesh Sivadasan）採用了美國人口普查局（Census Bureau）編輯的機密數據，為期二十年，追蹤四萬八千家美國企業的內部工作情形。他們發現，在企業成功取得第一份創新產物的專利之後，僱用率和勞動生產力都有驚人成長，而且這些正面的影響之後還會持續數年。倫敦政治經濟學院（The London School of Economics and Political Science，簡寫為ＬＳＥ）教授約翰·范·賴南詳查了英國六百家新創企業，分析薪水與創新之間的關係。他把焦點鎖定在既具有科技重要性、又在商業上大有斬獲的企業，發現當公司因創新而平均薪資提高時，往往都是在新產品問世約三年後。

因此，創新所帶來的經濟租，最後不止嘉惠於執行長與股東眾人，也讓勞工雨露均霑。薪資上的獲利相當可觀。整體來看，賴南估計，勞工大約能從新創產品，以薪資形式獲得兩到三成的額外經濟價值。這即新創是重要的就業機會推動力之理由。如同我們在iPhone例子上所看到的，製造全世界皆能製造的標準產品，幾乎沒有價值。可是，當國家裡的可貿易行業既創新又獨特時，就能創造出更多也更好的工作機會。

隨著新興經濟體越來越多年輕人取得大學和研究所學歷，因此兼具技能與創造力能開發新創產品的勞工，其供應量正在全世界逐漸增加中。但同時對兼具技能與創造力的勞工，其需求卻攀升得更快。最近的一次經濟衰退，雖然短暫延遲了這項需求的增長，然而長期下來，全球化與科技進步，意味著有創造力的勞工將會有更多工作機會，報酬也會更高，以回報他們產出新點子和新產品。這對美國社會整體而言是好消息，但這個變化對美國勞工的影響，卻在地理上分布不均。創造新的就業機會並非全國分配一致，有些城市和

3　譯註：一切因獨占權而獲得的收入。

地區受惠，有些則不受青睞。地理學顯得越來越重要。下一章裡，我們將審視，在這個新興新創經濟體裡，誰贏誰輸，以及這些趨勢會如何改造美國社區的社會組織。

第三章◆微軟與大分歧

西雅圖不再是三十年前的那個城市。傾頹倒塌的倉庫被翻新，入駐了許多小型新成立的網路公司，嶄新的辦公大樓紛紛拔地而起，以迎接更大型的企業。曾幾何時，搖搖欲墜的碼頭和鏽跡斑斑的船塢，如今成了網路和軟體公司的辦公室。老舊的鐵路調車場也煥然一新，進駐了美國安進（Amgen）製藥公司的實驗室。昔日市中心北角破落的住宅區和商業區，儼然成了這座最酷城市的新地標，精心設計的辦公室和公寓，每年多如雨後春筍。

在國會山莊第十五大道上的「留聲機咖啡與藝術」（Victrola Coffee and Art café）咖啡館坐上個把鐘頭，你就會明白西雅圖低調的活力和慎重的樂觀主義。這裡凝聚了各式各樣三十歲上下的專業人士、同志伴侶、苦讀的大學生及家財萬貫的名流家庭，這塊區域現在是城裡眾多蓬勃發展的社區之一。大家漫步於生氣盎然的大街上，夾道盡是兼容並蓄的書店和專賣工藝品的小雜貨鋪。美食餐廳遍布全城，新的文藝場館早已取代了廢棄的建築與空蕩蕩的停車場。甚至拓荒者廣場（Pioneer Square）直到最近都還因為美沙酮診所聞名，而現在卻正在經歷如遊戲大廠星佳、愉景灣（Discovery Bay）、「藍色尼羅河網路鑽石」（Blue Nile）等高科技公司引領的文藝復興，他們都搬進了漂亮的歷史紅磚建築內。西雅圖變得如此時尚，甚至引來了金融機構——投資星巴克的公司——「Maveron」風險投資公司進駐，董事長是霍華．舒茲（Howard Schultz），該公司剛剛才接手了位於第五大道一座翻新的辦公大樓。

西雅圖這個地方混雜了一股強烈的社群感，散發著充滿感染力的創業能量及一種輕描淡寫的大都會氛圍。更重要的是，它對未來有相當的信心，這股信心完全來自於一個事實：西雅圖已經將自己從沒落的舊經濟區，徹底轉型成卓越的全球新創中心。在這個過程中，它的居民已然躋身於美國最具創造力、待遇最優渥的勞工之列。

事情並非一向如此。今天很難想像，可是三十年前漫步在西雅圖大街上，你對它的印象完全不同。一九七〇年代末期，西雅圖停滯不前，對於未來憂心忡忡，被犯罪事件弄得千瘡百孔，高失業率大大傷了元氣。然而在一九七九年元月某個下雨的清晨，一件大事發生了，從此改寫了這座城市的歷史。

雙城計

如今，人人都把微軟和西雅圖聯想在一起。可是，在微軟的早期歲月裡，它卻是地處世界的另一端。事實上，微軟一九七五年草創於新墨西哥州阿布奎基。那一年，它只有一件產品、一個客戶及三名員工。客戶是「MITS」，這是一家硬體公司，生產一款非常暢銷的家用電腦設備，名稱叫做「Altair 8800」，這款電腦產品使用「BASIC」軟體語言。接下來好長一段時間裡，微軟在新墨西哥州一炮而紅。到了一九七五年底，它的前途看來一片光明，因而，當年的創辦人之一——外型姣好、認真工作、年方二十的比爾．蓋茲，從哈佛大學休學，投奔已經在阿布奎基的另一位創辦人保羅．艾倫。事業一飛沖天，比爾．蓋茲自此沒再重返哈佛完成學位。並非他不需要這張文憑，是因為業績呈倍數增長，到了一九七八年，他們營收已經突破百萬美元，而且微軟有了三十名員工。

但是創辦人卻越來越煩躁，最後他們終於決定要轉移陣地。這並非商業的決策。比爾．蓋茲和艾倫都出身西雅圖，他們想回到成長的地方。一九七九年元旦這天，微軟打包妥當，搬到了貝爾維尤（Bellevue），這是一處沉靜的郊區，與西雅圖僅一水之隔，和華盛頓湖（Lake Washington）遙遙相望。

一九七九年，西雅圖並不是軟體公司的首選。其實，西雅圖看似個糟糕的地點。當時它是個垂死掙扎的城市，遠遠不似今日是個眾所矚目的重鎮。和眾多西北太平洋沿岸的城市相仿，西雅圖當時每一年的工作機會都在大失血，失業率居高不下，未來的漲勢毫無指望。它比較接近今天的底特律，而非矽谷。

就像底特律一樣，西雅圖的問題很單純：它的經濟嚴重仰賴傳統製造業，兼笨重又無疑不受青睞的工業；西雅圖半數的製造業工作也都在外移。不出所料，它的雇主們很難熬，家家都在裁員。當地人成千成千地離開這個城市。一直以來，航太工業都是西雅圖的強項，由波音公司和眾多外包商擔綱，但是從一九七〇到一九八〇年代初期，波音公司多次受到重挫。大型卡車製造廠帕卡汽車公司（Paccar）和另一家重要的地方企業，同時陷入困境。雖說也有幾個值得高興的事，譬如「諾德斯特龍百貨公司」（Nordstrom）的總部設在此地，還有西雅圖港潛力無限，但這兩者實力太弱，猶如螻蟻撼樹，提振不了當地經濟。除了受僱於波音公司和華盛頓大學外，西雅圖的居民別無一技之能。

結果，生活品質直線下滑。今天大多數人以為，若不提氣候，西雅圖是美國最宜人的城市之一。但是當微軟在一九七〇年代末搬到這裡時，犯罪率明顯高過阿布奎基，搶劫與竊盜的人均比例高出百分之五十。西雅圖的學校參差不齊，博物館閉門謝客；如今顯得既有趣又不拘一格的美食餐廳，那時還有些平庸無奇。星巴克，當年還只是家僅三間分店的地方小公司，仍在販售沖泡式美式咖啡，尚未掀起蒸氣加壓濃縮咖啡的革命。

距此不久的數年前，《經濟學人》（The Economist）雜誌還給西雅圖一個「絕望之城」的封號。在一篇對當地經濟衰退提出警告的文章裡，記者寫道：「這個國家裡二手車、二手電視機、房地產銷售冠軍就在華盛頓州西雅圖。這座城市已經變成一間大當鋪，家家戶戶竭盡所能變賣他們的一切，才能買食物、付房租。」對未來的期盼跌進了深淵，乃至於機場附近有一大塊廣告看板上寫著：「最後離開西雅圖的人——要記得關燈。」這塊告示牌至今依然讓人津津樂道，它完整無缺地捕捉到一個衰退城市的心情。

雖然微軟從阿布奎基遷廠到西雅圖一舉，在當年看似無足輕重，卻協助西雅圖轉型成美國最成功的新創中心。令人矚目的是，這一切純屬巧合。比爾．蓋茲和艾倫也可以將公司遷到矽谷，那裡早有眾多的高科技公司駐點，或者，他們也可以留在阿布奎基。阿布奎基氣候乾燥、態度休閒，還有「桑迪亞國家實驗室」（Sandia National Laboratories）、新墨西哥大學（University of New Mexico），似乎就要發展成地方化的高科技聚落，而且說不定真是如此，倘若微軟還一直留在當地的話。從微軟的角度來看，留在阿布奎基，在一九七九年時並不是太瘋狂的念頭。一開始，遷廠遇到一些阻礙，因為員工當中有些人喜歡新墨西哥州，不想處理物流，但是比爾．蓋茲和艾倫對自己的決定非常堅決。

比起其他行業，新創產業更有力量改造整個環境的經濟命運，以及它們的文化、都市樣貌、地方設施和政治態度。對此我們心知肚明，但決定所有這些動力的準確交互作用是什麼，要辨別其中的因果卻是難上加難，特別是身處如矽谷這般複雜之地。相反的是，西雅圖的高科技歷史，卻可追溯到具體單一的偶發事件，而自成一個饒富意義的自然實驗

(natural experiment)[1]。

微軟遷廠之前，西雅圖和阿布奎基的勞動市場看似相當雷同。舉例來說，一九七〇年時，以兩地的人口比例來看，西雅圖擁有大學文憑的勞工，只比阿布奎基多百分之五。薪資同樣也是西雅圖稍稍高一點，因為有波音公司工程師，以及華盛頓大學相關的醫院與私人診所有大量勞工。除此之外，兩地的差異微乎其微，發展趨勢也很類似。微軟遷廠之後，這兩座城市的發展開始分道揚鑣，各自走上「不歸路」。到了一九九〇年，擁有大學文憑的勞工數量，差異增加至百分之十四；在二〇〇〇年隨著高科技產業大好更爆量成長百分之三十。如今成長率已經高達到令人震驚的百分之四十五。這是天壤之別的巨大差異，堪與美國和希臘之間的差距相比擬。重要的是，待遇水準同時也分道揚鑣，尤其對有技能勞工來說。一九八〇年時，西雅圖的大學畢業生，約只比阿布奎基的大學畢業生多賺美金四千兩百元，而今他們的薪水比人家多了一萬四千美元有餘。

阿布奎基自從失去了微軟，經濟便一蹶不振。它的勞工學歷都很平庸、不出色，妨礙了當地新創產業的成長。英特爾（Intel）和漢威聯合國際（Honeywell）在那裡設有龐大

1 譯註：自然實驗，是指實驗當中的控制與實驗變量，不是人為操縱的。

的工廠，美國銀行（Bank of America）和富國銀行（Wells Fargo）在城裡設有大規模的後勤辦公室，可是當地更為典型的產業，都是些低端工作和低附加價值的服務業。大體上，阿布奎基的新創產業群聚，從來都沒有到達一個關鍵巨量，不足以維持真正有競爭力的高科技生態系統。反之，西雅圖的軟體工程師集中量，卻高居全球數一數二最大量。這個區塊如此之大，以致北美軟體業勞工，有超過四分之一的薪水都支付到西雅圖這裡。美國第四大無線電信業者「T-Mobile」在西雅圖和阿布奎基都有據點。可是西雅圖設有總部——裡面全是高薪職位，還有它們的乘數效應——而在阿布奎基則是一個客服中心，許多低端職位和少量乘數效應的工作。

隨著兩大城市貧富差距持續擴大，日常生活的其他方面也全部——從宜居性到文化設施、從學校品質到食物的品質——都各自奔向不同的前程。雖然，在一九七九年時，阿布奎基比西雅圖治安良好，但如今它的犯罪率卻高過西雅圖，而且謀殺率高出了兩倍。

這兩座城市所經歷的事情，正足以證明過去三十年來，美國眾多城市都經歷過的經濟道路分歧之痛。因為經濟發展具有自謀出路的本質，因此，起先類似的幾座城市在假以時日後，小差異就有可能變成天差地別。隨著新創企業和新創行業的勞工同聚一處，贏家往往變得更為強大，而另一端，輸家往往輸到無立錐之地。經濟學家用一個詞形容這種現象：多平衡態（multiple equilibria）。

怎麼會這樣？這是故事裡最關鍵的部分。微軟在西雅圖僱用了四萬零三百一十一名員工，有兩萬八千人是負責研發的工程師。聽起來相當令人敬畏，但是，四萬零三百一十一份工作怎麼可能扭轉一個幾乎擁有兩百萬居民的大都市命運？答案是，微軟對當地經濟的終極效應，遠遠大過於它所僱用的員工數量。首先，微軟搬到西雅圖時，這座城市就提高了其他高科技公司對它的興趣。微軟有效地成為當地高科技產業的精神支柱。亞馬遜（Amazon）創辦人貝佐斯（Jeff Bezos）在一九九四年時，住在紐約，是華爾街一家經營出色的大公司副總裁。雖然他的待遇已經是一般人豔羨的優渥，但他覺得自己還能更上一層樓；時值網路世紀，他想要分一杯羹。貝佐斯終於辭去工作，開始做起網路書店的生意。他決定以世界最長的河流——亞馬遜——給書店命名，並將公司設立在西雅圖。

為什麼是西雅圖？比爾．蓋茲在選擇成立高科技公司時，西雅圖是個鳥不生蛋的地方，比爾．蓋茲基於個人理由而選擇當地。反之，貝佐斯和西雅圖毫無地緣關係，亦非土生土長於西雅圖（其實，他出生於阿布奎基！）。但是，等到比爾．蓋茲搬遷後十五年、而貝佐斯要成立公司時，西雅圖已經變成高科技產業的一塊大磁鐵。由於微軟就在城裡，當地有大量的軟體業工程師和程式設計師，還有很多創投公司都將公司設在那裡。在大家都還不太懂如何架設優良網站的那個年代裡，貝佐斯在西雅圖找到真正的天才，也找到資金。亞馬遜的第一位非家族成員投資人，就是西雅圖當地的創投資本家尼克・哈諾爾（Nick Hanauer），他所挹注的四萬美元起了關鍵作用，幫助這家公司安然度過創業初期的一路顛簸。不久，另一名也是西雅圖當地的創投資本家提供了十萬美元資金，讓網站的用戶方便性更臻完善，使得這家新公司取得了關鍵性的競爭優勢。[2]

微軟並沒有直接幫助貝佐斯成立公司，但微軟的出現導致當地徹底形成高科技群聚。這一點凸顯了高科技界一個引人矚目的特點：成功會帶動更多的成功。這個特點對眾多城市帶來巨大的暗示，它們會覺得有為者亦若是，這一點也是本章和下一章的重要主題。貝佐斯離開曼哈頓往西行的這一刻，一連串事件跟著爆發，最終將成千上萬的工作機會都帶到了西雅圖。如今，貝佐斯在他車庫創辦的小公司，已經成為全球品牌，全世界擁有五萬一千名員工，其中三分之一都在西雅圖。

微軟改造當地經濟的第二種方式是，在西雅圖地區大量製造了其他企業，因為成了百萬巨富的員工紛紛辭職創業。據估計，光是微軟離職員工就創立了四千家新企業，它們絕大多數都位於西雅圖西岸峽灣普吉特海灣（Puget Sound）一帶。其中一例是，當地公司「智遊網」（Expedia）就是直接出自微軟。播放器開發商「RealNetworks」是另一例，它由微軟員工羅伯特．格拉瑟（Rob Glaser）創立於一九九五年，如今擁有一千五百名員工，是西雅圖最大的獨資民間企業老闆。貝佐斯在閒暇之餘，創立了一家載人太空飛行公司「藍色起源」（Blue Origin），坐落在離西雅圖外圍僅二十分鐘車程，有點像是電影裡才有的場景：這是一家專門建造和發射太空船的私人企業。

但是，假如你不是火箭專家、軟體工程師或電腦科學家，該怎麼辦？這對西雅圖的一般勞工代表著什麼意義？由於乘數效應使然，西雅圖勞動市場受到微軟影響最大的，是高科技產業以外的受僱勞工。據我估計這要歸功於微軟，因它促成了十二萬份工作機會給低學歷服務業勞工（清潔工、計程車司機、房地產經紀人、木工、小生意人），以及八萬個就業機會給大學以上學歷的勞工（教師、護理師、醫師和建築師）。這些數字與日俱增，而且因公司對地方服務業的需求而持續增長。

新創創造了龐大的社會好處，其形式表現在新藥物、更好的溝通與分享資訊的方式，以及更整潔的環境。這些好處是會擴散的，全球各地的消費者都能享受到。新創同時也創

2 作者註：西雅圖同時也提供了賦稅優惠。網路零售商不需向外州消費者課徵營業稅，這一點使得在擁有廣大消費者的大州，譬如加州等地點，格外有競爭力。當然，這項優勢並非關鍵性因素，因為有十多個減稅的城市——拉斯維加斯、莫雷蒂（Morett）、恩里克（Enrico）都比較靠近加州，而非西雅圖。

造了新工作和更好的就業機會。這些好處一枝獨秀都集中於為數不大的地點。當然，這些變化也非全然都變得更好，稍後我們會更審慎地來檢視生活費與中產階級化所付出的成本。但首先，我們要先清楚審視美國新創產業的地理分布情形。西雅圖並非美洲唯一的新創產業中心。為了掌握未來就業的面貌，我們必須找出眼前新創產業都出現在何處。

何處是重鎮？

百年前，炙手可熱的新科技產業是汽車業，乍看之下它是奇蹟般的新機器，勢必會改變全世界。起初，汽車業是四散全美各地的小型企業，過了數十年後，數量濃縮成三大巨頭企業，絕大多數的生產地都在底特律附近。今天，汽車廠又再度四散於全世界，遍及巴西到波蘭。一九七〇年代當個人電腦首次問世時，全美到處是數不清的小型獨立製造商。賈伯斯和沃茲尼克在一九七六年製造出第一部蘋果電腦時，用的是向郵購公司買來的零件，就在賈伯斯的車庫裡組裝而成。後來，個人電腦的生產成了一個勞力高度密集的產業，幾個重要主力品牌，大部分都位於矽谷。目前，這個產業逐漸成熟，生產線分布在數百個低成本的地點。同樣的模式，諸如鑄鐵業、磨麵坊和菸工廠等產業也曾經歷過。

就像人一樣，產業也有生命週期。當它們還是幼兒時，往往四散在地圖上眾多小型的生產商中。在成形期、成長茁壯期和達到新創巔峰時，它們喜歡聚集起來藉助群體的力量。一旦老化、產品已臻成熟後，它們往往又再度分散，遷去那些成本低廉的地方。因此，不足為奇的是，新創產業——經濟體的這個部分，如今正處於它的成形歲月——都集中在少數幾個城市。

想要勘查出當今新創產業的所在位置，有個方法是找出發明家位在何方。每次只要發明家申請一個新的專利，他都必須申報居住地。這些專利的資料都是公諸於世的，可以看出一些耐人尋味的統計數值。當然，並非所有的新點子都會申請專利登記，也不是所有的專利產品都是了不起的新發明。不過，經濟學家長久以來都把專利的集中程度，視為新產品和新點子的創造代表。[3]連帶的【圖3-1】則會顯示，如果以每個居民所擁有的專利數

3 作者註：但專利並非是完美的代表，理由有二。其一，許多發明家，特別是那些不屬於科學界和工程界的，從來都不會申請專利。其二，許多專利從未變成大量生產的有價發明產物。經濟學家為了解釋後者，經常會將被使用較多的專利視為是有影響力的專利。這個概念是出於，如果某個專利被使用，就比沒人採用的專利來得更重要。使用頻繁並不會對這裡的訊息有太大的改變，可是，卻會明顯左右國際性的比較，譬如我們之前在中國所看到的個案一樣。

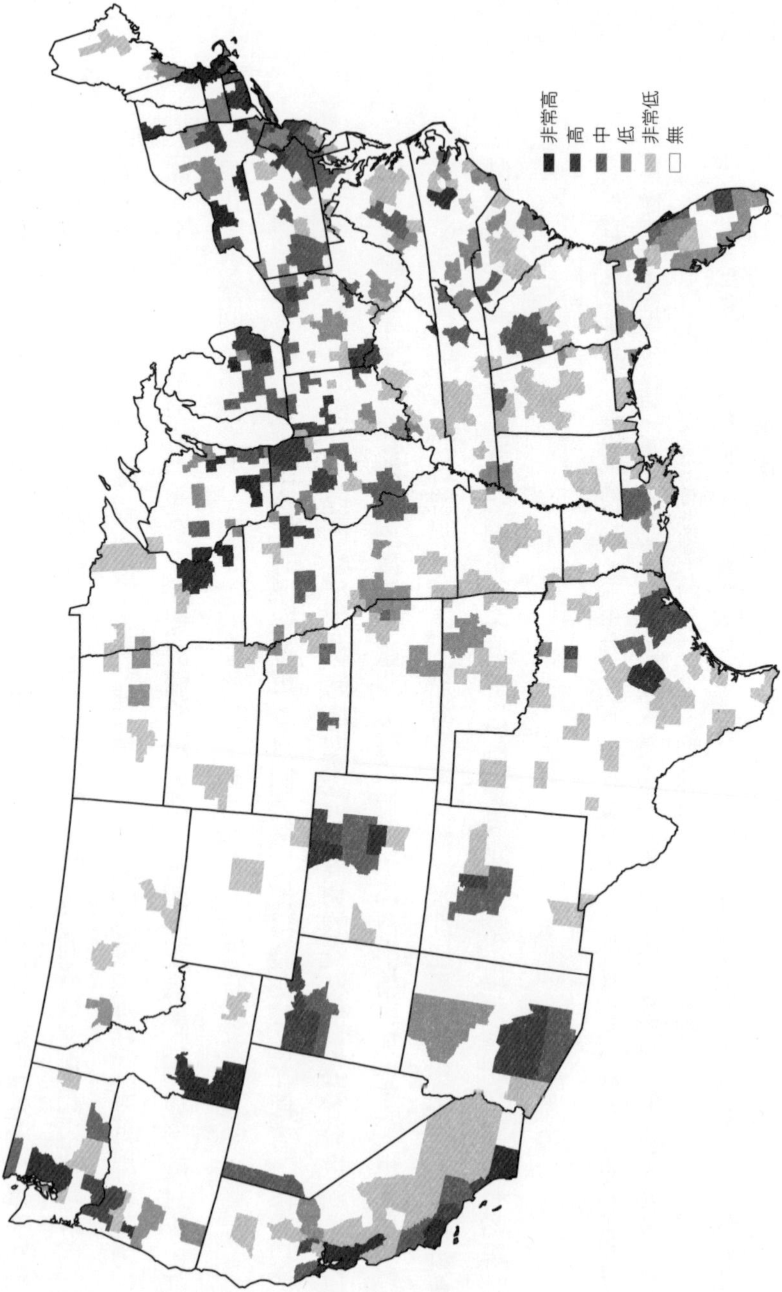

【圖3-1】人均專利品數量，按照大都會地區統計

量計算，大都會地區一直以來都依相對規模產出最多新創產業。

你第一眼會注意到的是，美國不同區塊間有著極大的差異。這份地圖顯示出，新創產業的密集活動群（黑色區域），被一大片幾乎沒有新創活動（淺灰色和白色區域）的區塊團團包圍。產出最多專利的州是加州、紐約州、德州和華盛頓州，加州以領先之姿奪冠，而差距甚大的紐約州居次。光是這四個州所產出的專利，幾乎就占去美國總數的一半；而在一九八〇年時，才占三分之一。

平心而論，在美國居民數動輒百萬的大都會區中，新創發明最多的是舊金山—聖荷西一帶，矽谷就在其中。它遙遙領先亞軍——德州的奧斯汀。舊金山—聖荷西一帶的人均產能比奧斯汀多兩倍，而且三倍於人均專利數量最低的城市德州麥卡倫（McAllen）。在新創發明最多與最少的大都會區域間，這種差距著實令人震驚。紐奧良也敬陪末座，還有諾福克（Norfolk）—維吉尼亞海灘（Virginia Beach）—紐波特紐斯（Newport News area）一帶、邁阿密、拉斯維加斯，還有納什維爾（Nashville）。這些差異並不局限於專利，還擴及新創的其他指標，包括創投與就業機會。舊金山—聖荷西地帶的高科技就業機會，是奧斯汀的四倍；與極端的城市相比，高科技就業的差距更巨大。

二〇〇一至二〇〇三年間，網路公司泡沫爆發，導致處處瀰漫著對美國高科技群聚的未來悲觀的情緒。觀察家無不預測矽谷主宰全球的末日將臨。然而，大體上悲觀人士都錯了，矽谷始終保有全世界新創首都的地位，而且不論是其新創活動的廣度或範圍，仍持續領導著其他的大都會區；在二十餘年前，矽谷便已吸納了全部創投資本的三分之一。每一年，都有數百名聰明的發明家雄心勃勃把新創公司從歐洲、以色列和亞洲遷到了矽谷。矽谷維持全球首屈一指的新創中心地位，並不是因為那些土生土長的人們比其他人聰明，而是因為它擁有無可匹敵的吸引力，受到來自四面八方的偉大點子和傑出天才所青睞。

在矽谷之後，奧斯汀脫穎而出。雖然姍姍來遲，但是受到電腦和電子產品的激勵，它的成長率在過去二十年間表現驚人。「戴爾電腦」（Dell）是當中的重要廠商之一，同時還有許多全球高科技企業在此設立辦公室，包括「IBM」、「3M」、「應用材料公司」（Applied Materials）、「超微半導體公司」（Advanced Micro Devices）及「飛思卡爾半導體」（Freescale Semiconductor）。對矽谷而言，奧斯汀像輔助角色而非競爭對手。這兩地關係密切，不斷有高學歷的高科技專業人才短程通勤於其間。而奧斯汀和舊金山—聖荷西地區，雖然地理位置並不特別靠近，但奧斯汀擁有大學文憑的居民最喜歡移居的地點是舊金山—聖荷西。

另外兩個表現出眾的地區，是北卡羅萊納州的「雙子城」羅利—達拉姆，還有波士頓—劍橋。坐擁傑出的研究型大學和世界級的醫療設施，它們有引以為傲且令人印象深刻的科學研發服務，以及生命科學的新創意。它們的成功來自於當地企業家有能力將波士頓一帶哈佛、麻省理工學院和塔夫大學，以及在北卡雙子城羅利—達拉姆—教堂山（Chapel Hill）等等這些學術上的生命科學研究，轉化為商業投資。此外，波士頓始終在精密儀器的設計上保有強勢的地位，而且軟體的群聚已然成形。二〇〇八年，微軟在劍橋創立它在東岸的第一座研究實驗室，宣稱之所以在此設廠的主要原因，就是「這裡是新英格蘭區的大型科學社群所在，特別是有眾多來自附近首屈一指學術機構的學人與學子」。

聖地牙哥（San Diego）則是個有趣的例子。過去三十年來，它從一個充滿退休人士的小型社區，以「斯克里普斯研究所」（Scripps Research Institute）、「索爾克生物研究所」（Salk Institute）及加州大學聖地牙哥分校（University of California at San Diego）為中心，奮發圖強發展成全球地理上最集中的生物科技（以下簡稱生技）群聚。這裡有生技巨頭如「艾米林製藥」（Amylin Pharmaceuticals）和十多個中等規模的生技公司，擁有前景看好的新藥投資組合，還有許多電信通訊、電子硬體方面的就業機會。雖然紐澤西州的米德爾塞克斯—薩默塞特—亨特頓（Middlesex-Somerset-Hunterdon）也在生命科學領域裡擁有大量專利，但和聖地牙哥相較之下，感覺卻完全不同。紐澤西擁有樹大根深、出類拔萃的製藥與醫療公司聚集成群，譬如「必治妥施貴寶」（Bristol-Myers Squibb）和「嬌生公司」（Johnson & Johnson），主宰其企業景觀的是以上人員，而不是前途光明的新創產業。

從這個角度來看，紐約市和華府是異類。就如同紐約所有的房地產一樣，實驗室的空間不足，局限了科學研發在城裡的能見度。因此，紐約市未能躋身於擁有大量人均專利的大都會榜單。然而，因為有將近三十萬份的科技類就業機會，紐約市仍是世界級重要的新創重鎮，而且地位與時俱增。過去二十年間，它的矽巷（Silicon Alley）已經是吸引新創企業家和高學歷青年勞工的大磁鐵。它也是網路入口網站與資訊服務業首屈一指的地點，和洛杉磯一樣，創造了大量數位娛樂業的工作機會。二〇一一年，谷歌擴充在紐約的辦公室，耗資二十億買下肉庫區（Meatpacking District）附近的一大幢建築。毫無疑問，紐約地區同時也是世界金融新創產業的龍頭。

有史以來，除了有相當大規模的國防產業承包商，華府地區從未擁有很多高科技工作。不過在過去二十年間，這個地區已相當成功地吸引了大批新創產業來到高科技的「杜勒斯走廊」（Dulles corridor，全稱是杜勒斯科技走廊）和市中心地帶。不過，華府並未進入大都會地區專利的前十大榜單內，因為它的產業集中在資訊技術，比其他地方所產出的專利而言相對較少。可是，將近有三十萬名高科技勞工在華府一帶，其集中程度是美國平均值的兩倍。因為受到鄰近優秀公立名校的吸引，生技公司雲集而來，比方說「國家衛生院」（National Institutes of Health，簡稱ＮＩＨ）。

縱使不是太多人了解，但杜勒斯在高科技城市的排名一直扶搖直上，因為固態半導體大廠「德州儀器公司」（Texas Instruments）的進駐，使它成為通訊業重鎮，同時數據處理產業的群聚現象正在日益成形。規模較小卻嶄露頭角的高科技群聚已經現身於明尼亞波利斯市（Minneapolis）、丹佛（Denver）、亞特蘭大和波夕市（Boise）。有少數地區擅長多種高科技領域，但也有著專攻一、兩項的群聚現象。舉例來說，「柯達公司」（Kodak）和「全錄公司」（Xerox）的所在地紐約羅徹斯特（Rochester），就專攻光學科技，而「梅奧診所醫學中心」（Mayo Clinic）的所在地明尼蘇達州羅徹斯特則專攻醫療研究。俄亥俄州的代頓（Dayton），已經成為無線射頻辨識（Radio Frequency Identification，簡稱ＲＦＩＤ）的中心；猶他州鹽湖城（Salt Lake City）、印第安納州的布盧明頓（Bloomington）、加州橘郡（Orange County）專事醫療器材，奧爾巴尼（Albany）專研奈米技術，俄勒岡州波特蘭是半導體和晶圓，而維吉尼亞州里奇蒙（Richmond）、密蘇里州堪薩斯城（Kansas City）和猶他州普若佛（Provo）則專精於資訊技術。

美國的新創產業中心是一群形形色色的集團。表面上看，難以立刻看出它們有何共通點。聖地牙哥的生活方式和紐約或波士頓有著天壤之別。鹽湖城和舊金山的群聚迥異，而且政治價值幾乎對立。西雅圖和杜勒斯在福利設施上，幾乎沒有共通點。不過，如果我們稍微深入點，就會清楚看到，這些城市都有一個共同處：它們都擁有具技能的勞動力，也因此都是產能非常高的可貿易行業。我們很快就會發現，這代表著住在那裡的人們，工作機會更多，而且待遇更優渥。

薪資多寡取決於居住地而非履歷

請回答這個問題：哪個大城市付給電腦科學家最高的薪水？你可能猜到了，全國高科技首都聖荷西和舊金山兩地的電腦科學家，是全國、乃至全球待遇最豐厚的人。舊金山和聖荷西的電腦科學家，平均年薪是十三萬美金。而波士頓、紐約或華府的電腦科學家年薪，比人家少了百分之二十五到四十。

再回答一個問題：哪個城市付給律師的錢最多？我必須承認我答錯了這個問題。在查看資料之前，我以為紐約和華府的律師收入高居全美冠軍。印象中，位高權重的律師身著五千美元的訂製套裝，在金融和權力中心居中斡旋動輒十億的交易。雖然紐約和華府確實擁有全美為數最多的律師，但他們卻不是收入最好的。透過「人口普查局」（Census Bureau）所蒐集的數據，我發現聖荷西才是律師收入最高的城市——平均年收入超過二十萬美元——而舊金山也在榜單中名列前茅。榜單另一頭的城市，諸如奧爾巴尼、紐約州水牛城（Buffalo）和加州沙加緬度（Sacramento），年收入不到聖荷西律師的一半。

至於服務生收入最高的地方是拉斯維加斯，城裡最奢華餐館的服務生可有六位數收入。但即使在這個「萬惡城市」裡普通機構的服務生收入也頗豐。典型的服務生時薪是十八塊兩毛美元——包括小費在內，在任何大型都會區裡都算是最高的平均鐘點費。這或許也很稀鬆平常：在舉世最出色的成人娛樂旅遊地點裡，拉斯維加斯的服務生受惠於賭博和其他方面的慷慨小費。榜單緊接在後的各個城市更生動有力。舊金山、西雅圖、波士頓和華府，分居榜單上的亞軍到第五名。聖地牙哥排名第七。在服務生十大收入排行榜上的城市中，有三個都是純粹的觀光地點——拉斯維加斯、奧蘭多（Orlando）和西棕櫚灘（West Palm Beach），但有七個卻是高科技掛帥的城市。

引人矚目的是，對其他行業情況也一樣，不論可貿易或無法貿易的行業皆如此。生產部門的主管，年薪最高的是聖荷西、奧斯汀、波特蘭、舊金山、羅利—達勒姆和西雅圖，全部都是新創產業中心。至於理髮師和髮型設計師，舊金山、波士頓和華盛頓都名列前五大。與對照組加州河濱市（Riverside）和底特律相較，這些城市的勞工收入多出了四成。至於廚師，波士頓是榜首，平均年薪約三萬一千七百八十二美元，休士頓和德州的聖安東尼奧（San Antonio）掛車尾，大約只有兩萬美元的年薪。至於建築師，舊金山領先群城。如果你察覺到這裡面有個模式的話，那麼你是對的。

原則上，波士頓和舊金山的律師、髮型設計師和主管階級，工作能力大概只比休士頓、河濱市和底特律的好一點而已。他們可能經驗多一點、更聰明一點，或更有進取心。但是，若論及工作資歷、學歷或智商，不會造成多大的薪資差距。勞工本身並沒有多大的差異，有差異的是圍繞著他們的地方經濟力——尤其是有技能勞工的數量。

四十年前，美國富庶地區都是製造業之都，擁有大量的物質資本。當年，克里夫蘭、弗林特、底特律的平均收入，明顯高過羅利和奧斯汀。如今，不論是對個人或社區，人力資本才是高薪的最好預測標準。羅利—達勒姆和奧斯汀的平均收入，明顯高過克里夫蘭、弗林特和底特律。許多高學歷居民的出現，大幅改變了當地的經濟力，同時影響了居民工作職缺的種類和所有勞工的產能。最後，這項結果就表現在高薪資上，不僅有技能勞工如此，技能有限的勞工同樣受惠。這就是最令人驚奇的部分，也因而值得詳細說。

美國社區裡的勞工擁有差異非常大的技能分級。【圖3-2】可以看出其差異有多大。

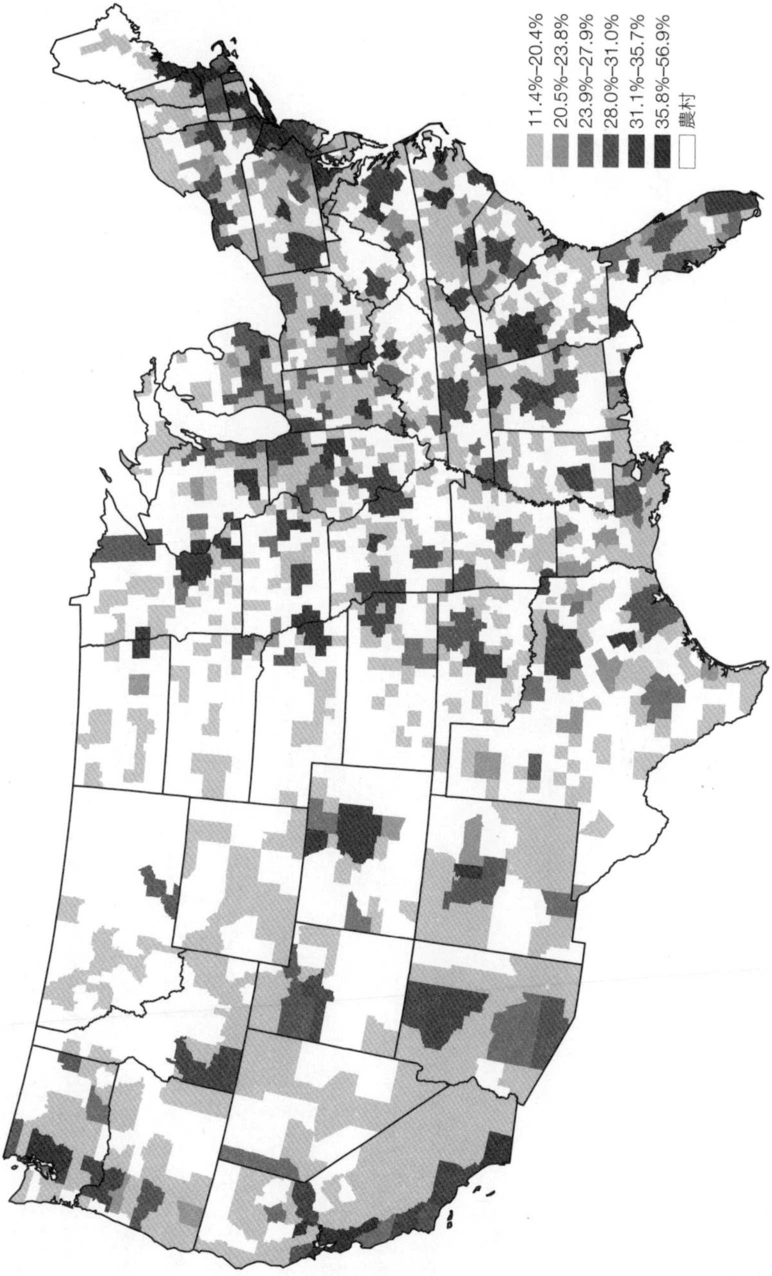

【圖3-2】以大都會區為例，擁有大學學歷勞工的分布比例

圖中顯示的是，每個大都會區裡大學以上學歷的勞工百分比。為了在大都會區取得差異性的精確衡量標準，我採用了「美國社會調查」（American Community Survey，ACS），對三百零六個大都會區裡二十五至六十歲、總數一千五百四十萬名勞工所做的調查數據；這是人口普查局每年都會蒐集的數據。這項人口普查對大都會的定義，不只包括政治疆界，同時也包含鄰近社區，只要它們同屬於一個通勤型態的地方勞動市場。因此，大都會區域在經濟上是地區的結合體，包含了人們習以為常的居住與就業所在。舉例來說，紐約地區包含紐約市和長島（Long Island）、紐澤西州、康乃狄克州（Connecticut）、紐約州的威斯特徹斯特郡（Westchester County）。（在本書通篇裡，我使用的「城市」這個詞和「大都會地區」是可互換的。）

這張地圖呈現了學歷分級的區域性差異，例如美國東北部和加州濱海一帶，擁有的大學畢業生通常比南部各州和中西部來得多。但是更有意思的是，在每個區域內，甚至在每個州裡，城市之間還有巨大的差異。比方說，南部和中西部裡，在諸如亞特蘭大和丹佛等城市裡，擁有大學畢業生的巨大群聚，但它們鄰近的區域，卻幾乎沒什麼大學畢業生。

想像一下，採用擁有大學文憑的地方勞工百分比，來給美國各大城市做排行會如何。【表3-1】正是這樣一份名單，名列前茅的大型都會區——都是美國的樞紐重鎮。這張表幾

【表3-1】大都會地區大學學歷的勞工比例最多的城市

城市	排名	大學學歷百分比	大學畢業生薪資	高中畢業生薪資
康乃狄克州斯坦福市	1	56%	$133,479	$107,301
大華府地區	2	49%	$80,872	$67,140
波士頓地區	3	47%	$75,173	$62,423
威斯康辛州麥迪遜	4	47%	$61,888	$52,542
加州聖荷西	5	47%	$87,033	$68,009
密西根州安娜堡	6	46%	$65,452	$55,456
羅利—達勒姆	7	44%	$63,745	$50,853
加州舊金山—奧克蘭	8	44%	$77,381	$60,546
科羅拉多州 柯林斯堡—拉夫蘭	9	44%	$57,391	$47,007
華盛頓州 西雅圖—埃弗里特	10	42%	$68,025	$55,001
紐澤西州特倫頓	11	42%	$81,914	$64,299
萊辛頓—費耶特	12	41%	$55,238	$44,915
德州奧斯汀	13	41%	$62,289	$48,809
俄亥俄州波特蘭	14	40%	$57,366	$48,080
明尼蘇達州 明尼亞波利斯—聖保羅	15	40%	$69,955	$57,187
科羅拉多州 丹佛—波德	16	39%	$64,488	$50,097
紐約—東北地區	17	38%	$79,757	$59,797
內布拉斯加州林肯市	18	38%	$50,401	$41,837
加州聖塔克魯茲	19	38%	$64,801	$48,186
佛羅里達州塔拉赫西	20	38%	$59,380	$46,715
麻薩諸塞州伍斯特	21	37%	$60,723	$48,465

乎被主要的幾個新創重鎮霸占了——譬如華府、波士頓、聖荷西、羅利、舊金山、西雅圖、奧斯汀和明尼亞波利斯——以及擁有大型大學府但小一點的城市，如威斯康辛州麥迪遜（Madison）、密西根州安娜堡（Ann Arbor）、柯林斯堡—拉夫蘭（Fort Collins–Loveland）及林肯市（Lincoln）。在這些城市裡，幾乎有半數的勞動力都擁有大學學歷，而且有相當比例還擁有研究所學位。波特蘭、紐約和丹佛也都在一馬當先之列。

【表3-2】是敬陪末座的大都會區域，包括紐澤西州的瓦恩蘭—米爾維爾—布里奇敦（Vineland-Milville-Bridgetown）、亞利桑那州的尤馬（Yuma）、密西根州弗林特，當然，還有我們在本書開頭就提到的加州社區維塞利亞。這些城市裡，只有十分之一的勞工擁有大學學歷，而且幾乎沒有高科技產業的蹤影。

美國各大社區間的巨大差距著實令人吃驚。美國擁有最多大學文憑勞工的城市是康乃狄克州斯坦福市（Stamford），人均大學文憑數五倍於吊車尾的加州美熹德（Merced）。這樣的差異極大，而且比我們在歐洲國家所看的情形更大，甚至大過於美國和眾多發展中國家的就學程度差異，譬如斯里蘭卡（三倍）、玻利維亞（三倍）和迦納（四倍）。製造出這種教育鴻溝的並不只是出生在美國的居民；定居在名列前茅榜單裡的絕大多數外來移民，往往都是高學歷的專業人士，而在吊車尾城市裡的外來移民絕大多數學歷都很低。

【表3-2】大都會地區大學學歷的勞工比例最少的城市

城市	排名	大學學歷百分比	大學畢業生薪資	高中畢業生薪資
俄亥俄州曼斯菲爾德	286	17%	$53,047	$35,815
德州博蒙特	287	17%	$58,234	$38,352
北卡羅萊納州洛杉磯城	288	16%	$52,330	$34,329
加州士德頓	289	16%	$59,651	$37,928
阿肯色州史密斯堡	290	16%	$50,937	$33,187
佛羅里達州奧卡拉	291	16%	$47,361	$32,725
加州尤巴城	292	16%	$56,403	$34,999
加州莫德斯托	293	15%	$60,563	$36,126
康乃狄克州沃特伯里	294	15%	$54,651	$37,280
德州布朗斯維爾—哈林根—聖貝尼托	295	15%	$43,800	$22,450
德州麥卡倫—愛丁堡—米申	296	15%	$44,605	$22,845
阿拉巴馬州安尼斯敦	297	15%	$48,928	$33,031
華盛頓州雅基馬	298	15%	$50,160	$29,084
加州貝克斯菲爾德	299	14%	$65,775	$34,807
維吉尼亞州丹維爾	300	14%	$42,665	$28,868
路易斯安那州侯馬—提柏道克斯	301	14%	$56,044	$37,395
紐澤西州瓦恩蘭—米爾維爾—布里奇敦	302	13%	$57,668	$35,375
密西根州弗林特	303	12%	$43,866	$28,797
加州維塞利亞—波特維爾	304	12%	$55,848	$29,335
亞利桑那州尤馬	305	11%	$52,800	$28,049
加州美熹德	306	11%	$62,411	$29,451

這些事實並不僅供茶餘飯後閒聊之用。教育程度上的差距和薪資的差距關係緊密。這兩張表意味著，在樞紐重鎮裡，大學畢業生年薪大概介於七到八萬間，換言之，比陪榜城市裡的大學畢業生多百之五十。不妨來比較一下，榜中第五名的聖荷西和最後一名的美熹德。兩個城市都在加州，相隔不到一百英里遠，但是勞動市場卻像是兩個世界。聖荷西位於矽谷心臟地區，大學學歷的人均數是美熹德的四倍有餘，大學畢業生的薪水高出四成，而且高中畢業生的薪水竟高出百分之一百三十。

或者，來比較一下排名第三的波士頓和倒數第四名的弗林特。兩者皆擁有過一段輝煌的產業歷史，但如今它們的經濟力卻截然不同。波士頓有四倍於弗林特的大學畢業生，密切仰賴新創產業和金融業。弗林特的人力資本是全美最低的幾個，仍集中於傳統製造業，主要是汽車業。波士頓的大學畢業生年薪平均約七萬五千一百七十三美元，換言之，比弗林特的勞工，薪資多了七成五。當然，新創產業與薪資之間的關係並不密合。斯坦福市的財富絕大多數來自金融服務業，而全球頂尖新創產業重鎮之一的羅利，其薪資卻相對低。不過，很清楚可以看到一個傾向，擁有許多大學學歷居民的城市，當地經濟體也擁有很多新創產業和優渥的待遇。

這些表所顯示的事實中，最引人注意的，或許是在頂尖群組裡的高中畢業生，通常比掛車尾城市裡的大學畢業生收入多。波士頓高中文憑的勞工平均年薪約六萬兩千四百二十三美元，也就是說比弗林特的大學畢業生高出百分之四十四。聖荷西的高中畢業生賺六萬八千零九美元年薪，比美熹德、尤馬、丹維爾和所有敬陪末座城市裡的大學畢業生多了好幾千元。換言之，城市之間的不均如此巨大，以致影響了教育程度之間的不均。這點強調了一個事實，那就是，相較於社會階層，美國的工資差異和地理因素關係更為密切。

今天，美國的經濟地圖不再只代表一個美國，而是三個美國。在光譜的一端，是【表3-1】裡的樞紐重鎮，有技能與無技能的勞工都能坐領高薪。光譜的另一端，是【表3-2】的社區，有的是低技能、衰退的勞動市場。介於兩者間的很多城市，不確定會往哪個方向走，因為它們的前途可能走向其中任何一方。再者，請注意樞紐重鎮的平均年薪高，不只是因為它們有很多大學畢業居民，而這些居民賺的薪水又比較高。這裡面還有別的因素。樞紐重鎮也付給無技能勞工高薪。因此，勞工的教育程度不僅影響了他本身的待遇，也影響了與他息息相關的整個社區。

這怎麼可能？答案之一就是，諸如聖荷西、羅利—達勒姆和奧斯汀的生活成本，高於弗林特或美熹德，住在那裡的高中文憑勞工應該獲得補償。這是真的——較高的生活成本抵銷了一部分差異——但是，實情並非僅止於此。這或許可以解釋為何仍有人住在弗林特和美熹德，而且為什麼不是人人都搬到聖荷西、羅利—達勒姆及奧斯汀去住。然而，最重要的一點卻難以解釋，何以聖荷西、羅利—達勒姆，還有奧斯汀，竟還有雇主願意待在那裡。為什麼雇主必須彌補這些地方如此高昂的勞動成本，特別是那些在國內競爭激烈的企業主？我們稍後再來探討生活成本的問題，以及它對人們生活水準的意義是什麼。首先，我們必須更深入了解，一個城市的教育程度與其經濟面之間的關係。它的原因是什麼，以及它對社區具有什麼意義？

鄰居的教育程度影響了你的待遇

地方的人力資本與薪資之間的關聯性非常密切，這一點放諸美國絕大多數城市皆然。【圖3-3】顯示的是，每個城市裡高中畢業生的平均薪資，和該城市裡少數大學畢業生的關係。曲線圖表示出它們的關係成明顯正比，意味著一個地方有越多大學畢業生，那麼高中畢業生的薪水就會越高。（局外者是最右上角的斯坦福市。因為圖裡還有其他三百零五個城市，其正比趨勢不會被斯坦福市影響。）此經濟效應相當巨大。隨著城裡的大學畢業生勞工增加百分之十，高中文憑勞工的所得就能提高了百分之七。比方說，從邁阿密、聖塔芭芭拉或鹽湖城的高中程度勞工，搬到丹佛或林肯市這類百分之四十居民擁有大學文憑的城市裡，其待遇可望僅僅因為搬家，而加薪八千兩百五十美元。

我第一次看著這張曲線圖時，注意到它是拿「蘋果」和「橘子」做比較——挑選很多大學畢業生的城市如波士頓，基本上結果就會不同於挑選城裡大學畢業生較少的那些勞工，例如弗林特。如果波士頓能吸引比那些在弗林特更聰明或更有雄心壯志的高中文憑勞工，那麼，他們收入比較多也就不足為奇了。所以我採用「美國全國青年長期調查」（National Longitudinal Survey of Youth，NLSY）所做的十四年數據，

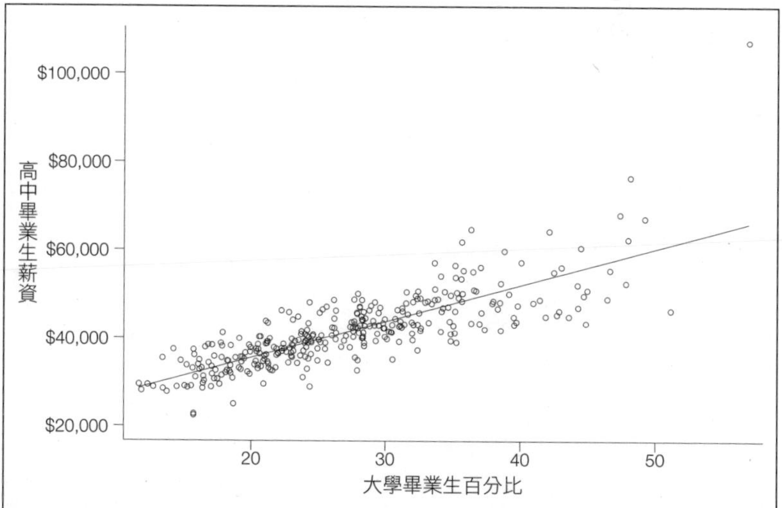

附註：每個圈圈各代表一個城市。

【圖3-3】一個城市裡的大學畢業生比例，和高中畢業生薪水的關係圖

來說明這個可能性；該機構自一九七九年起，便追蹤了一萬兩千人的生活史。這一套資料特別有用，因為它確保用「蘋果」對「蘋果」來做比較，透過長期追蹤某人在其居住的城市裡，隨著大學畢業生數量的改變，其薪水的變化。我發現，比起住在大學文憑居民數量停滯不前的城市、住在大學文憑居民數量增加的城市裡，勞工的加薪速度比較快。因此，同一個人可能因為周遭具有技能的勞工多寡，造成他的薪資有很大的不同。這層關係放諸所有產業皆能成立，但是對於高科技勞工尤其影響顯著。

這真是一個驚人的發現，得以解釋各個城市經濟繁榮為何差距如此之大。一個城市裡的技能勞工之所以會影響其無技能鄰居的薪水，主要原因有三個。第一個原因是，技能勞工和無技能勞工間是互補的：前者的增加會提高後者的產能。同樣道理，有較好的機器協助工作，可以提高勞工的生產力；和教育程度較好的人一起工作，當然可以提高無技能勞工的生產力。第二個原因是，教育程度較好的勞動力，會使當地的雇主更容易採納更新穎且更好的科技。第三個原因是，一個城市的總體人力資本提高，會帶動經濟學家所謂的「人力資本外部性」（Human Capital Externality）[4]。

這個概念是現代經濟成長理論的核心，它要研究的是決定國家經濟繁榮的因素。研究人員必須建構複雜的數學模式，呈現出共享的知識與技能。透過正式與非正式的互動，所帶動出來的重要「知識外溢」（Knowledge Spillovers）[5]。這些知識外溢被認為是城市與國家經濟成長的一個重要的推動力。諾貝爾獎得主、美國經濟學家小勞勃・盧卡斯（Robert Lucas Jr.）在一九八八年發表的知名文章中主張，這些外溢可能大得足以解釋富國與窮國間的長期差距。他的說法是，當人們進行互動時，會彼此互相學習，而這個過程會使得跟教育程度較好互動的那些人，最終變得更有生產力，也更富創造力。這種人力資本外部性是一種意外之財，人們只不過因為受到許多良好教育背景的人圍繞，便能輕易取得。

對於一個大學畢業生而言，這層關係對最無技能的個體產生三個結果——互補性、更好的科技及外部性——是驅動【圖 3-3】成正比關係的終極原因，影響也最劇。在出版於二〇〇四年的一份研究報告裡，我寫道，同一座城市裡大學畢業生數量的增加，確實會帶來加薪效應，但金額不是特別多。但是，對高中畢業生而言，加薪幅度卻有四倍之多；對於高中中輟生來說，其差距則是五倍。因此，技能程度越低，從他人教育程度所得到的薪

4 譯註：人力資本外部性，指的是在一定範圍內的勞動力之間，透過合作和競爭等互動、分享，並創造新的知識和技能，因而創造出的外部經濟。

5 譯註：知識外溢是指資訊、技術、管理經驗等各類知識，透過互動與非互動方式，流出原擁有者。

水獲利就越高。

城市擁有數量龐大的高學歷勞工，也會變得更有創造力，發明工作新模式的能力也更傑出。想一探究竟，不妨看看美國社區重建專家珍．雅各（Jane Jacobs）所謂「新工作」，亦即前所未有的新行業。美國經濟學家傑佛瑞．林（Jeffrey Lin）曾研究美國哪個城市最富創造力，以它們過去十年所產生從沒有過的「新行業」就業機會而定。比方說，二○○○年的新工作有網路管理人、聊天室主持人、資訊系統保安主管、資訊技術經理、生醫工程師，還有劑量師（別問：我也不知道劑量師在做什麼）。有百分之五到八的勞工，無時不刻都在從事新行業，但是在產業多樣化、大學畢業生高度密集的城市——【表3-1】裡那些——當中，這個數字會再高出更多。傑佛瑞．林同時也發現創造力會帶來回報。某種新行業產生後的頭幾年，在那些職位上勞工的收入，明顯高過舊型工作上同樣職位的勞工。

人力資本外部性的存在，對身處高學歷城市裡的低學歷勞工是好事，因為這代表他們最後會賺得比其他城市多。但是這同時也意味著，高學歷的個人並沒有從他們所帶動的社會收益上獲得徹底補償。這就是「市場失靈」（Market failure）最重要的例子。基本上，學歷會有私人的好處，其取得形式就是擁有學歷的個人會獲得較高的收入，同時所有住在同一個城市裡的其他個人也會得到額外的好處。事實上，學歷之於社會的回報——有時候稱為「社會收益」（Social Return）——大過於它給自己的回報。由於大學學歷者並沒有從他們給周遭每個人創造的收益中獲得補償，因此，社會上的高學歷者不如我們想像的那麼多。換句話說，假如大學畢業生的薪水反映其完整的社會價值，那麼就會有更多人想上大學。要糾正這種市場失靈的一個方法是，對大學學歷者給予公共津貼。的確，這也是州政府和地方政府補助居民教育費用的原因。當然，也有其他給予高等教育公共投資的正當理由——政治和倫理上的——不過，我不知道還有什麼比這個做法更有力的。這是基於我們自己的利益來補貼他人的教育，因為最終它會間接使我們受益。

大分歧與新的不平等地理學

我發現，三個美國之間的社會經濟差異，最驚人的是它們並不會消失。相反的，我們社區裡的分歧將越來越深化，而且速度正在加快。開始致富的城市和各州往往變成更富強，而淪為貧民窟的城市和各州往往變得更悽慘。

【圖3-4】顯示的是自一九八〇年以來，美國大都會地區裡大學學歷勞工百分比的變

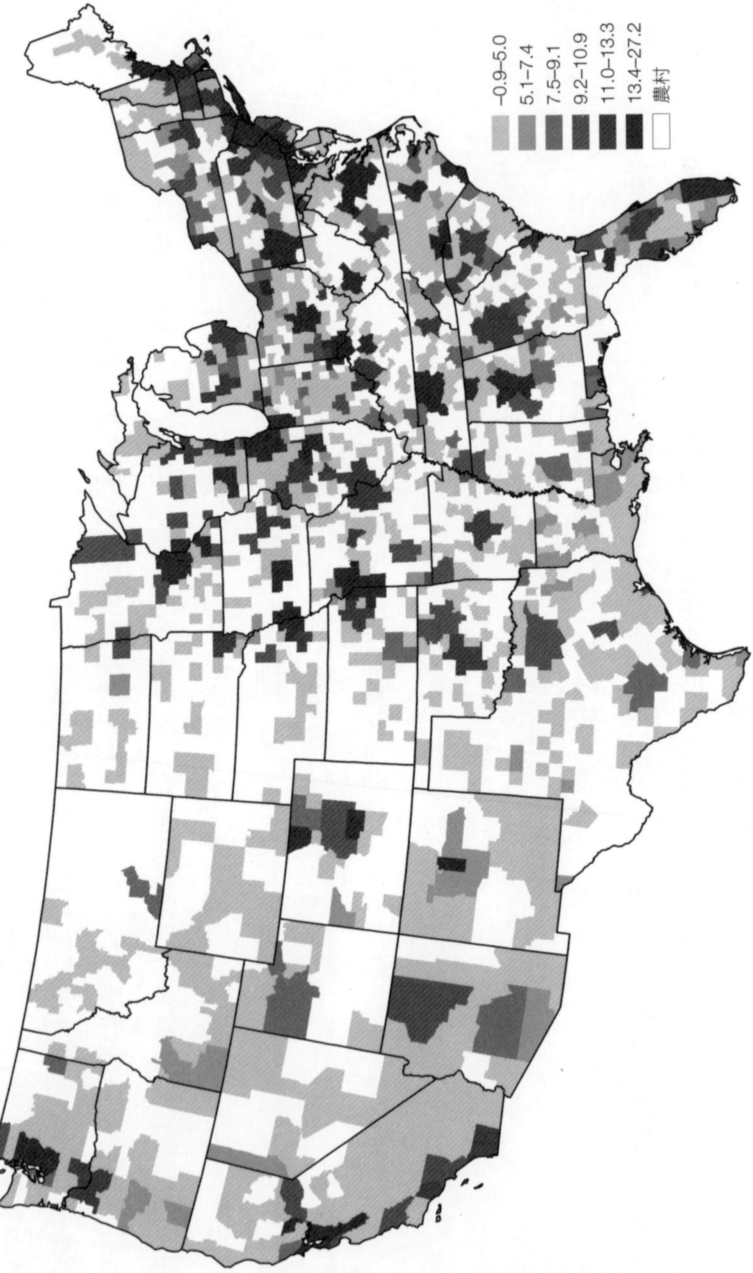

【圖3-4】一九八〇至二〇〇八年之間，大都會地區裡大學文憑勞工百分比的變遷。請注意：這些變化是以百分點為計算單位。

遷。波士頓在一九八〇年時已經是高學歷人才所在地，自那時起，它的大學學歷勞工百分比已經增加了二十三個百分點，幾乎比它在一九八〇年的水平成長了三分之二。斯坦福市的表現則一枝獨秀於其他城市，它的大學學歷勞工百分比是全美平均值的兩倍。相反的，自一九八〇年以來，維塞利亞和美熹德的大學學歷勞工百分比只增加了一個百分點。很難相信的是，弗林特的大學學歷勞工百分比，竟然三十年來都沒有增加。正當全美其他地區都變得越來越好、教育程度也越來越高時，維塞利亞、美熹德和弗林特卻裹足不前——而且還載浮載沉。

這個大分歧是美國近代經濟史上最值得注意的發展。隨著社區漸行漸遠，美國的人口也變得越來越分歧，不只是在都市社區內，而是跨城市和地區的。每一年，都有越來越多大學畢業生定居在已經有許多其他大學畢業生居住的城市裡，同時也有越來越多高中畢業生定居在許多其他高中畢業生居住的城市裡。【圖3-5】很清楚就能看到這個大分歧現象，自一九八〇年起，每年前十大最多高學歷城市，以及倒數後十名低學歷城市，它們的大學畢業生百分比的增長情形。過去三十年來，頂尖組有長足的增加，與此同時，墊底組則增長非常少。

證據顯示，與上世紀任何時間相比，美國城市如今各種族都更加團結，這個趨勢在過去二十年來不斷加速。比方說，二〇一〇年時，就幾乎已沒有純白人社區的存在，同時黑人占優勢的社區也驟減。諷刺的是，就在我們的社區正逐漸廢除種族隔離時，我們的國家卻在教育程度形成了分裂。這點不單在經濟上具有極大的弦外之音，也在社會和政治上別具深意。由彼此差異巨大的區域所組成的一個國家，最後終會在文化和政治上走向割據化（balkanized）。更或甚者，低學歷個體大量集中於特定社區裡，將會使國內的社會經濟差距擴大並惡化。

教育程度的分歧也在薪資水平上造成同等驚人的分歧。以二〇一〇年的幣值來計算，波士頓和聖荷西的大學畢業生，薪

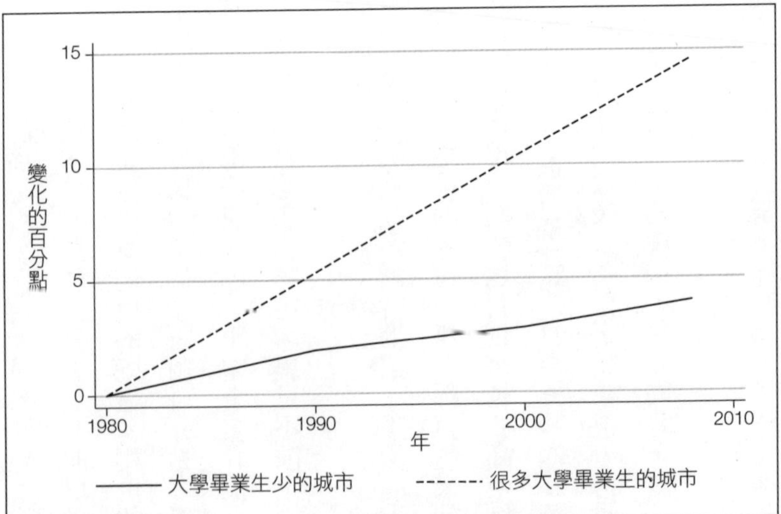

【圖3-5】自一九八〇年以來，大學畢業生的百分比增長情形

資自一九八〇年來已增長了超過三萬美元，弗林特的大學畢業生薪資卻在這段期間減少了一萬一千六百四十五美元。弗林特或許是個極端的個案，不過這股趨勢卻是全國性的。確實，【圖3-6】呈現的是一九八〇年以來，十個城市裡大學學歷勞工每年薪資的最高與最低者。你可以看到，分歧持續變大。

實質上，大分歧是由美國經濟的一個結構性轉變所造成。自從首批歐洲移民抵達美洲以來，這個國家的經濟地圖一直都在不斷改變中。雖然它的疆界和自然景觀大體上沒多大變化，但這個國家的城市卻隨著財富變化起起落落。這件事始終如此，也將一直存在。只要想想這個：整體

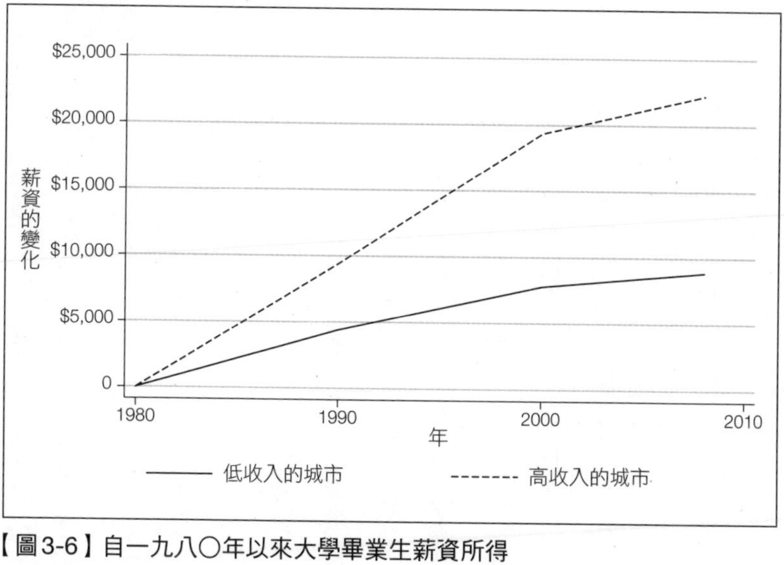

【圖3-6】自一九八〇年以來大學畢業生薪資所得

的美國人口雖已經從一九〇〇年來增加了三倍，但是超過四分之一的美國各郡卻是在這段期間人口流失，還有四分之一則是比平均值增長得快，同時，排名前二十大的郡已經增長了超過百倍。涵蓋拉斯維加斯的內華達州克拉克郡，人口已經增加了一千四百倍。

為地方社區締造財富的因素不斷改變。就像投資人自有一套股票投資組合，每個城市其實就像是一套套的產業組合。和好股票一樣，有些產業會漲價，有的會跌。在一八八〇年代到一九二〇年代間，農業的衰退導致勞力與財富一次劇烈的地理重新分配。隨著農業越來越機械化，田裡需要的人手越來越少，而農業郡開始流失就業機會與人口。這項轉變，與龐大製造業資本的崛起恰好同時發生。在過去的四十年裡地理重新分配的過程，一直都明顯朝著知識集中的產業轉變。這股趨勢反映出全球科技版圖的深刻改變，以及美國在世界經濟上所占的相對優勢，在可見的未來此趨勢不太可能會消失。似乎從一九八〇年代開始，美國的經濟就分成兩個部分。一方面，人力資本極少與傳統經濟型態的城市，在面對海外激烈競爭時收益遞減。另一方面，人力資本豐厚、並仰賴知識集中產業的城市，收益開始遽增，並從全球化市場占盡好處。

美國目前對不平等的爭議，集中在特權階級——那些學歷高又有專業鐵飯碗的人，和沒有特權的階級——那些學歷低、居住地的工作又朝不保夕的城市，兩者之間的分裂。這個觀點充分反映出這樣一個直觀的概念：科技的變化和全球化，讓一群人獲益，卻讓另一群人受到傷害。可是，它輕忽了一個重要的觀點，那就是兩群人在不同地方受到的影響是不一樣的。科技的變化與全球化，為住在高科技重鎮的低技能勞工，創造更多的就業機會，然而，製造業淨空的城鎮裡類似的勞工，工作機會卻更少。今天分裂美國的，不僅是社會經濟地位，還有地理因素。

貧富不均的死亡分配

美國的大分歧肇因是經濟力。不過，在經濟領域之外也有強大的因素。三個美國之中勞動市場的差異，已經變得如此之大，以致它們正引發我們私人與公共生活中多方面的分歧。在此，我們將看到四個驚人的地方，例如：健康與長壽、家庭穩定性、政治參與，還有慈善布施。

平均壽命是衡量人們健康與整體幸福的最佳指標。這點不僅反映了遺傳學，還反映生活方式、經濟環境和其他許多因素。【圖 3-7】正顯示出全美各地男性的平均壽命差異有多大。東岸與西岸，加上北部平原區在內，平均壽命通常較高，然而南部和阿帕拉契

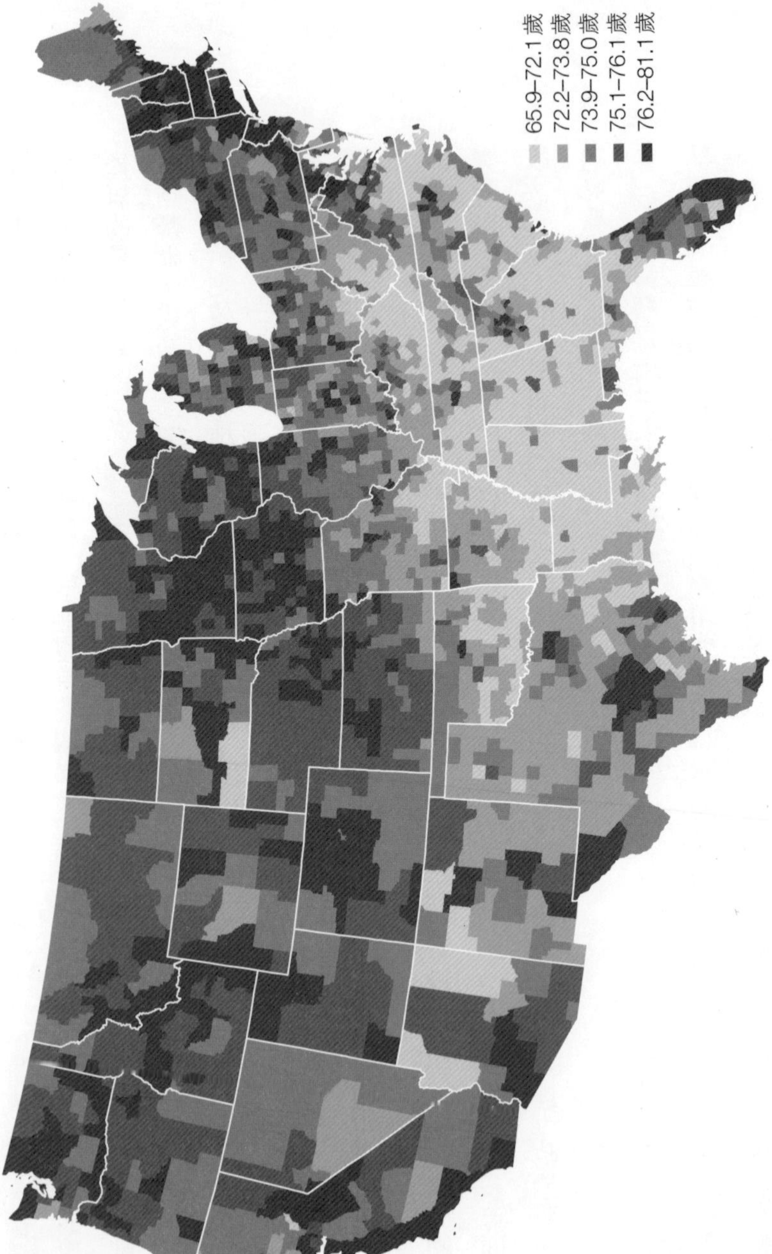

【圖3-7】各郡男性平均壽命

（Appalachia）的平均壽命卻經常低於平均值。而且，即使在同一地區，也有極大差異。

這些差異本身並不足為奇。世上沒有一個國家裡的所有區域平均壽命都一樣。但令人驚訝的是，美國的這些差異大得太嚴重。男性居民住在平均壽命較長的郡裡，諸如維吉尼亞州費爾法克斯郡（Fairfax）、加州馬林郡（Marin）和聖塔克拉拉郡（Santa Clara，矽谷所在地），及馬里蘭州蒙哥馬利郡（Montgomery），通常能活到近八十一歲。反之，男性居民住在平均壽命較短的郡裡，通常活不過六十六歲。換言之，費爾法克斯郡的典型男性，比起相隔僅六十英里遠的巴爾的摩（Baltimore）男性，壽命多了十五年。女性壽命的差距同樣很大。這種平均壽命的地理分歧程度，著實驚人；而與其他國家相較，結果也顯示美國的差異大過加拿大、英國和日本，可能是因為分裂我們社區的經濟力，遠比其他國家更嚴重。

不可思議的是，像巴爾的摩這樣的郡平均壽命竟然遠短於像巴拉圭（Paraguay）和伊朗等發展中國家。確實，倘若美國墊底百分之十的郡組成一個獨立國家，男性的平均壽命將為六十九點六歲，在國際排名上一樣是吊車尾，擠在尼加拉瓜和菲律賓之間，遠遠落在中國和墨西哥的後頭。相反的，假如美國頂尖百分之十的郡是個獨立國家，它的排名會在國際榜上名列前茅，緊追在日本與澳大利亞之後。（美國整體排名是三十六名，雖然美國人在醫療上的花費，較其他工業化國家居民多了一倍，但平均壽命卻明顯低於其他富強大國。）

或許，美國平均壽命趨勢最顯著的事實是，巨大的地理差距並沒有因時光的流逝而逐漸消退。相反的，每年都在與日俱增，反映出社經的差異正在擴大，影響也可能加劇。前言裡提及的矽谷工程師布雷德洛夫，一九六九年從門洛公園搬到維塞利亞，這兩個社區的平均壽命可以拿來做比較。今天，門洛公園所屬的聖馬刁郡（San Mateo County），平均壽命要比維塞利亞所屬的圖萊里郡（Tulare County）幾乎多了六年，這是相當大的改變。

美國社區中平均壽命不均的與日俱增，顯示在【圖3-8】裡的是，一九八七年以來，平均壽命最長與最短的十個郡中男性壽命每年增長的情形。一九八七到二〇〇七年間，名列前茅的那些郡增加了五點八歲，而那些敬陪末座的郡只增長了一點八歲。最後的結果就是，壽命最長和壽命最短的兩相比較下，今天的差距比過去十年來都要來得大。[6]

是什麼造成這種驚人的分歧？由於年輕人取得醫療照顧的方式，在全美各郡差異極大，但所有六十五歲以上的個人都受到「聯邦醫療保險」（Medicare）的保障，因此就算是銀髮族取得健保的方式有異，卻不是主要因素。更重要的一個因素是，全國不同區域裡社會經濟狀況的差距。教育程度和收入，是預測壽命的最重要因素，因為它們會影響生活方式——舉凡飲食、運動、吸菸和飲酒習慣等等。因此，動腦重鎮和國家其他部分在教育程度和收入上的差異，可能是導致平均壽命差距的肇因。然而，若曲線圖只簡單將高收入、高學歷個人分成一類，而低學歷、低收入個人分到另一類，那麼意義就不那麼重要了，因為它不會呈現出教育程度與收入能促進平均壽命這樣一個事實。但是，我們還是找到有趣的反饋，使得這些發現，意味更為深遠。

　　教育程度和收入不同的個人依地理做

6 作者註：和其他富強國家相比，美國絕大多數的郡平均壽命不增反減。自二〇〇〇年開始，美國很多的郡都淪落到與全球十大壽命最短的國家為伍。美國只有百分之二十的郡保住成長。

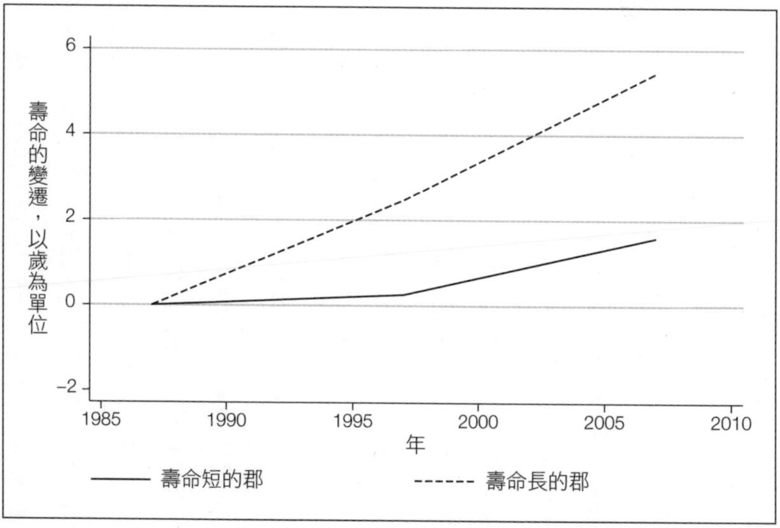

【圖3-8】一九八七年以來男性平均壽命的增長

分類，很可能使這些不平等所造成的平均壽命差距更加惡化。理由很簡單：低學歷的個人若住在教育程度普遍低落的社區，則相比於住在教育程度與收入混雜的社區裡，有可能過著更不健康的生活方式。經濟學稱之為「社會乘數效應」（social multiplier effect）。

舉例來說，一個人抽菸或運動有依賴自己個性的傾向，也會受到周遭人事的影響。曾是空軍軍官的經濟學家史考特・卡雷爾（Scott Carrell）用空軍軍官學院（U.S. Air Force Academy）成員健身房的數據，來評估社會乘數效應的重要程度。空軍軍官學院的成員們被隨機分派成約三十個任務小組，彼此要一起共度大半時光。隨機化的任務分派，讓卡雷爾的數據格外起作用，因為如此一來，研究人員可以把同儕的影響及所有其他可能的對立因素分開做評估。卡雷爾和他的共同作者找到了確鑿的證據，證明被分派到較少健身中隊的那些人，長期下來也變得較少健身。這個效應非常強烈：受到不健身同儕的最強效應影響，健康欠佳就像傳染病般蔓延。耶魯大學經濟學家傑森・弗萊徹（Jason Fletcher）發現在吸菸上也有類似效應。在某個人的社交網絡裡，吸菸者數量增加百分之十，就會使那個人吸菸的可能性提高約三個百分點。（身為一名戒菸者，我可以證明這個事實，在東岸城市裡想要點菸的衝動強烈許多，那些地方相比於加州，更常看到大夥兒在建築物外吞雲吐霧；加州鮮少有人抽菸。）營養食品取得的難易，也因每個社區的社會經濟特性而有明顯差異。相較於混合型收入的社區，低收入社區裡速食店比較盛行，而生鮮食物比較難取得。

這種社會乘數效應很重要，因為它會加劇同一社區相同收入及教育程度居民，跟其他社區不同收入及教育程度居民間的健康差距。實際上，它意味著社會經濟呈現出我們現在所看到的分裂狀態，對人們的健康與壽命有間接的影響，更甚於他們本身的教育程度與收入所造成的直接影響。這也導致一個令人震驚的結論：你住在哪裡，嚴重影響到你能活多久。

從這個角度來看，美國歷來最具企圖心的社會實驗「搬向機遇」（Moving to Opportunity，簡稱ＭＴＯ）計畫非常耐人尋味。從一九九四到一九九八年，聯邦政府發放優惠券給巴爾的摩、芝加哥、波士頓、紐約和洛杉磯公共住宅（public housing）的居民，讓他們搬到城市裡環境明顯更好的民間住宅。和卡雷爾的研究一樣，這也是個隨機的實驗，有一千七百八十八個家庭被隨機選中，領到優惠券，而有一千八百九十八個家庭被隨機選為對照組。十年後研究人員訪視兩組人，評估他們的健康狀況，結果令人驚訝。雖然在實驗前，兩組人選完全相同，但領到優惠券搬到更好社區的人，明顯有較好的健康。它的成員也改善了飲食，也較常運動，明顯較少出現肥胖、糖尿病和憂鬱的狀況。普遍來說，他們變得更健康更快樂，這種效應對於年輕女性尤其強烈。對於這些結果，可以有多種解釋。不過合理的說法是，我們居住的地點和我們周遭的人，對於塑造我們的健康扮演相當重要的角色。

離婚和政治參與率的分歧與日俱增

經濟環境與教育程度不僅對人們的健康和壽命扮演舉足輕重的角色，同時也對家庭結構影響至深。以離婚為例。造成離婚的因素多又複雜，但經濟狀況差絕對是眾所周知的一個重要肇因。夫妻情況一旦不佳時，經濟問題會讓嚴峻的狀況雪上加霜。毫不意外，美國各大城市的離婚率也有巨大差異。

美國離婚率最高的城市是哪裡？如果你以為是拉斯維加斯的話，請再想一想。針對八百萬曾有過婚姻的成年人所蒐集來的數據，我發現，離婚率最高的城市是密西根州的弗林特，二〇〇九年該處的離婚率是百分之二十八。隨著汽車製造廠的關閉，當地經濟飽受蹂躪，工資下跌，中產階層消失，和其他的鐵鏽之城一樣，弗林特有很長一段時間都處在經濟衰退的困境中。它的最大雇主通用汽車公司，從巔峰時期的八萬員工規模，縮減至八千人。俄亥俄州托雷多（Toledo）是另一個過去的製造業中心，離婚率同樣敬陪末座。排名在另一端的城市，例如猶他州的普若佛（Provo），位於摩門教國度中心，出於宗教信仰的關係，離婚率極低，其他如賓州大學學院（State College），是一座大學城；德州的麥卡倫（McAllen）擁有密度極高的天主教徒；斯坦福市則是全美教育程度最好也最繁榮的大都會區；離婚率都不高。而聖荷西則在榜單裡吊車尾。

美國各大社區間離婚率的差異很大。弗林特離婚人均數是普若佛的三倍。而這個差距還在擴大中。【圖3-9】顯示的是，離婚率最高與最低的城市裡，成年人每年申報的離婚百分比。縱然許多文化與

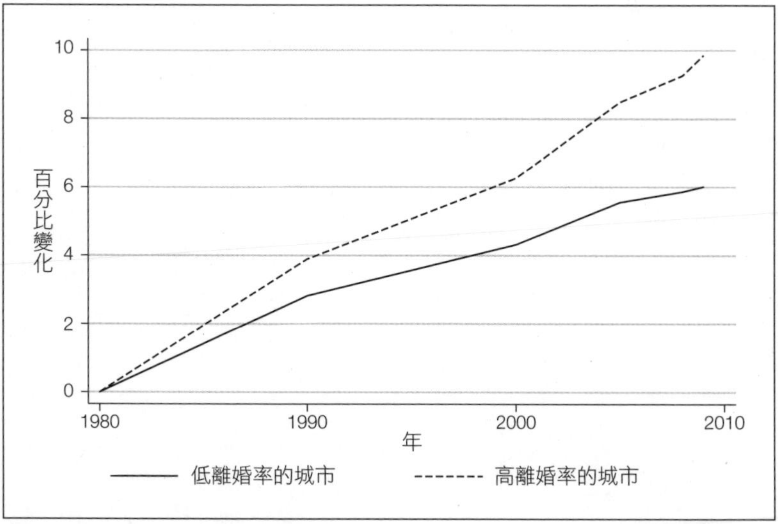

【圖3-9】一九八〇年以來的離婚率變化

宗教因素具有重大影響力，但這些因素大體上是固定不變的；比方說，普若佛始終都是摩門教徒占多數的城市。表中，高離婚率和低離婚率城市間的差距加劇，很可能反映出經濟狀況的分歧正在擴大。

美國日益增加的社會經濟隔離，同時也以複雜且深遠的方式影響政治的進步。從國家層面來看，選民割據化，使得美國人越來越難在攸關國家前途的重要議題上達成共識。之所以會有這個發展趨勢，原因很多。和往年相比，初選受到激進派候選人把持的情況更嚴重；有線電視新聞網對政治的報導越來越兩極化；民意代表和議員們有更強的動機要服膺黨的路線。而地理正在扮演一個越來越重要的角色。地理上的隔離，讓周遭包圍著與他們一樣的人越來越多，而這很可能使極端的政治態度火上加油。比爾．畢曉普（Bill Bishop）在其著作《大排序》（*The Big Sort*）裡，採用歷時三十年來總統選舉的資料，揭露有極大量的社區在政治的同質性非常高，以致他們經常一面倒地投票給同一位候選人。

驚人的是，割據化的效應在地方層級上，作用也可能恰恰相反。經濟學家一直以來都指出，社會地位同質性高的社區，更容易對地區性政策形成共識。比方說，相較於經濟上差異很大的人，擁有相近收入和教育程度——因而有類似的需求與品味——的選民，更容易對諸如地方課稅、學校、公園和治安等議題有共識。

大分歧同時也影響投票的模式。美國的社區因民眾投票率的多寡，在政治影響力上也有著天壤之別。二〇〇八年的總統大選時，投票率最高的十個郡比人均投票率最低的十個郡還多了四倍。這項選民參與度的巨大差異，亦即是巨大的政治影響力差距。彷彿最富裕群體的每一個居民獲得了四張選票，而最底層的居民只有一張。

決定市政參與的因素百百種，最重要的一種是教育。我與兩位同僚在二〇〇四年發表的一份研究裡，針對三百萬名美國公民做了兩項調查，我們發現教育是預測聯邦大選時出席率與投率票的重要指標。同時也發現，教育程度對政治參與度有更廣泛的影響，不僅美國如此，英國亦是：學歷高的民眾更願意關注媒體上的政治消息、更願意接收議題，並和他人討論，也更願意介入政治團體，在社區內更主動積極。順道一提，這也是自由主義和保守主義人士都支持公共教育的一個主要原因。一九六二年，保守派經濟學家米爾頓・傅利曼（Milton Friedman），是美國經濟學家，主張「穩定民主的社會，絕大多數人民不可能沒有最起碼的閱讀寫作能力和知識程度，更不可能無法廣泛接受某些普世價值。教育可以對這兩者做出貢獻。我們泰半會以為，其收益足夠重大到值得政府給予一些補助」。

由於教育是政治參與度的一個重要決定因素，因此提升教育程度的偏極化，結果也會增加政治參與度的偏極化。【圖3-10】顯示的是自一九九二年以來，美國總統大選時，人均投票率最高與最低各郡的選民參與率。曲線走勢與全國出席率吻合。二〇〇〇年小布希對決高爾的大選中，兩者的比數十分接近，而這代表著出席率高於一九九六和二〇〇四年的大選，當年柯林頓和小布希都以較大的比數勝選。二〇〇八年總統大選是近年來參與率最高的一次，或許是因為選票上有美國首位非裔總統候選人之故。

這張曲線圖最耐人尋味之處，在於數字領先的各郡與墊底各郡間的差距。每次大選結束，領先的各郡都會從政治程序中取得收益，而墊底各郡則一無所獲。類似的圖形也會出現在給候選人和政黨的獻金上，那是另一個評估政治參與度與影響力

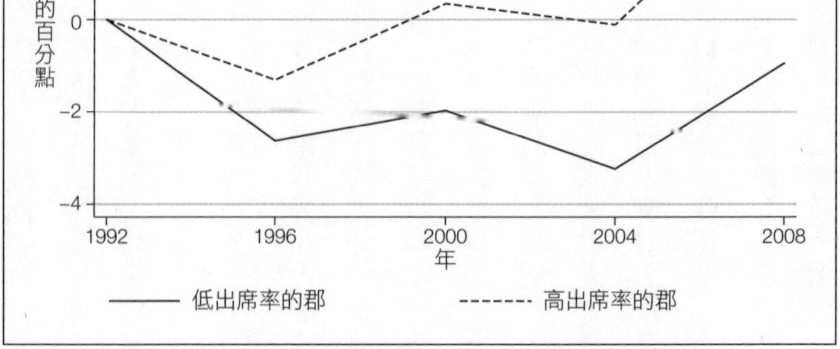

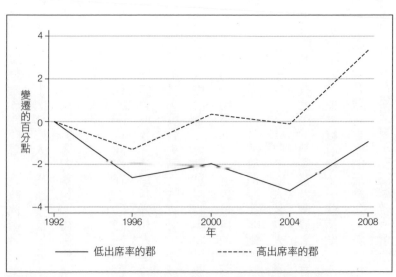

【圖3-10】自一九九二年以來美國總統大選時的選民出席率變化

的重要因素。這些走勢很可能也真的會對立法產生影響。當進行立法時，犧牲某些社區的利益但增益別的社區，總統和州長都有明確的動機，去維護那些政治上積極且組織良好的社區。

慈善布施的貧富不均

現今的美國，文化、教育和醫療接受慈善布施的程度越來越深。有半數的醫院、三分之一的大專院校及絕大多數的機構，都仰仗慈善捐助。這些機構對城市的社會資本頗有貢獻，協助最需要支持的居民，也提供重要的文化設施給較為富裕的居民。反之，非營利世界會越來越依賴營利世界。本質上，這層關係大多是區域性的。

在與大衛・卡德（David Card）、凱文・霍洛克（Kevin Hallock）一起合作的研究顯示，企業總部現身於某座城市，牽涉到每年對當地非營利組織一千萬美元的額外公共貢獻。驚人的是，帶動這項慷慨捐助的並非企業本身，反而是它們的高所得企業主管們。我們發現，在某個城市裡新成立企業總部，會額外增加高所得的個人。他們的薪資往往與東家的表現息息相關，而且當公司經營出色時，他們比較會大方捐助給地方的慈善機構。我們估計，一座城市裡企業總部每一千美元的市場估值，就會有一美元挹注給地方的非營利單位。然而，企業捐助對地方上的慈善團體而言，卻不是很重要。再經思量，這是合理的。由於消費者和員工分散全美各處，大型企業本身要捐助地區的動機相當有限。

但同樣的道理卻不適用於個人。當年微軟搬遷到西雅圖時，不僅改造了該城市的勞動市場，同時也改變了它的非營利事業。光是共同創辦人保羅．艾倫，個人就捐出了超過十億美元，其中六成挹注給當地的慈善機構，其中一項是贊助興建兩座嶄新的博物館——「飛行遺產珍藏」（Flying Heritage Collection）和「流行文化博物館」（EMP Museum）——還有，華盛頓大學的一座新圖書館，並修復了歷史地標電影院「全景影院」（Cinerama），還擴建了華盛頓大學的醫學院。[7]

哪個美國城市的人均慈善布施最多？在大型的美國都會區當中，五大動腦重鎮——斯坦福市、波士頓、羅利——達勒姆、華府和紐約——相對於它們的人口數，所收到的慈善布施最多。西雅圖緊跟在後。擁有強而有力非營利產業的社區，和那些非營利組織很無力的社區間，差距越來越大，不論是人均數的非營利機構百分比或人均捐獻都是。換言之，遍布美國社區的大分歧現象，正在引發地方性可用資源相應的分歧。擁有許多企業總部、又有繁榮地方經濟的城市，正是投入最多慈善捐助給地方非營利機構的城市。相反的，沒有企業總部且地方經濟搖搖欲墜的城市——按理說是最需要慈善布施的——卻吸引不了捐獻。這一點甚至擴大了贏家和輸家之間的距離。

平均壽命、離婚率、政治參與度和慈善布施日益增加的差距，只不過是美國社區長久以來面臨眾多問題中的幾個例子。它們無獨有偶，美國社會的許多其他方面，也延續著類似的發展趨勢。譬如說，犯罪率也表現出分歧的趨勢，諸如紐約和波士頓這樣的城市，在過去二十年來有了長足的改善，而弗林特和底特律這類城市卻成效不彰。到頭來，所有這些社會上的差異，都會一五一十反映在經濟狀況上。美國的社區始終互有差異，有些富裕有些窮。可是，名列前茅和墊底的城市之間，經濟差距比五十年前更為巨大，而且正影響著生活的各個方面。

為了表述這些巨大的轉變——以及它們所呈現給我們社會的挑戰——我們必須慢慢接受造成分歧的根本原因。為什麼有些城市能吸引高薪工作和健康、有技能的勞工，有些卻不能？動腦重鎮究竟有什麼特別之處？還有，為什麼重鎮與全國其餘區域，每年的鴻溝都

7 作者註：另一個微軟的慈善產出是「比爾與美琳達．蓋茲基金會」（Bill and Melinda Gates Foundation）。由於它主要在關注開發中國家，扮演必要的小角色，支持地方事業，雖然它也挹注資金，支持美國的教育改革。

在擴大？我們即將會發現，大分歧並不是歷史上的突發狀況，而是影響廣泛的經濟力所造成的必然結果。

第四章◆城市的吸引力法則

美國新創中心的地理位置分布，乍看之下似隨意混亂。對許多傳統產業來說，地理位置和天然資源相依相隨。美國的石油工業群聚在德州、阿拉斯加和路易斯安那州（Louisiana），因為那是大型油田的所在地。葡萄酒產業泰半集中於加州，因為氣候好、土壤適合。緬因州（Maine）是龍蝦產業的大本營，因為龍蝦不在堪薩斯州（Kansas）生活。在這些例子裡，群聚不僅不奇怪，也不特別發人深省。然而，要解釋新創產業在地理上的集中化，卻困難很多。沒有明顯的天然優勢可以解釋為什麼新創產業會坐落在此。畢竟，矽谷根本也不產矽。過去，企業會設立在靠近消費者的地方，因為運輸成本相當昂貴。比方說，工業革命時期，倫敦的企業在運送產品上占了點費用上的便宜，因為它們的消費者泰半都在倫敦。然而今天的運輸成本是低廉的，特別是在高科技產業。以資訊技術為例，根本是零成本，你可以透過任何數據機，即時又廉價地傳送軟體序號。倘若谷歌搬到維塞利亞甚至西藏，沒有哪個使用者會發現的。

再深入想一下位置的問題，就令人更加困惑了。新創企業總部好像都設置在完全不對的地方：它們挑選非常昂貴的區域——波士頓、舊金山及紐約——這些都是在美國開公司最貴的地段，有天價高的薪水和辦公室租金。我們會以為這些城市不可能吸引企業，尤其是那些全球競爭型的企業。

新創產業的群聚其實可以另謀他處，為什麼卻都在這些昂貴位置彼此相隨呢？聖荷西這樣的城市究竟有何特殊之處？如果你實際去過聖荷西，會發現它就和其他城市沒兩樣。眼睛找不到任何為何薪水這麼高的線索。其實，根本就沒有「哪裡」的問題。絕大多數的指標型矽谷公司都設在名不見經傳的辦公大樓或辦公園區。就像美國其他很多大都會區域一樣，聖荷西都會區大部分是由停車場、企業園區和一些了無新意的玻璃帷幕大樓構成，周遭圍繞著一大片獨棟透天住宅（single-family homes）。它的都市形式毫無特色；高速公路穿梭在廣大的區域內，人們到哪裡都開車。聖荷西一直計畫改建其市中心，將之改造成對行人更友善的城市，但這是一場艱難的戰鬥。在最拔尖的大樓群中，Adobe[1]公司的大樓獨樹一格，因為在一〇一號高速公路上就能看見它。坐落在西南方向短短三英里之遙的是eBay[2]一望無際的辦公園區。再開車一小段路，可以看到英特爾、思科、雅虎，還有無數名氣較小、名稱有如神祕藥品處方箋的高科技企業——目立康（Progent）、賽靈思（Xilinx）和新美亞（Sanmina）。凡僱用一個大學學歷的技能勞工，eBay和Adobe在聖荷

1 譯註：也譯作奧多比。
2 譯註：也譯作電子灣、億貝、易貝。

西必須支付八萬七千零三十三美元年薪，但是設立在美熹德的類似企業，只須給六萬兩千四百一十一美元年薪。換句話說，假如eBay和Adobe搬到美熹德，若僱用大學學歷勞工，僅須花費現在在聖荷西支付高中學歷勞工的年薪，也就是六萬八千零九元。看似十足誘人。

為何沃爾瑪選擇了舊金山？

沃爾瑪的故事能給這個問題提供解答。沃爾瑪這個公司招牌和廉價畫上等號。因此，打從創辦人山姆．沃爾頓（Sam Walton）在五十年前成立公司以來，沃爾瑪的總部就設在美國阿肯色州本頓維（Bentonville），這絲毫不足為奇。本頓維是個小鎮，做生意相對負擔得起，也體現了該公司走廉價路線的企業文化。在本頓維的辦公室，有全美最低廉的辦公空間，而且生活費和平均薪資也低。這裡是沃爾瑪執行長、全體高階經理人及所有總部員工的居住所在。本頓維顯然百分百吻合沃爾瑪降低成本的性格。

可是當沃爾瑪在十二年前要跨足進入電子商務時，它卻沒有選擇把網路部門「Walmart.com」設在本頓維，也沒有選擇印度的班加羅爾（Bangalore），那裡的成本甚至更低。相反的，它看中了加州的布里斯班（Brisbane），距離舊金山市中心僅僅七英里，也是全球最昂貴的勞動市場之一。（那裡剛好也是對沃爾瑪懷有政治敵意的區域，會令它難以開設眾多在地門市。）儘管沃爾瑪汲汲營營於控制每個部門的成本，卻還是這樣做了，難道沃爾瑪背叛了自己的企業模式？[3]

不是的。真相是，在新創產業的世界裡，生產力和創造力的重要性，大過於勞力和房地產的成本。沃爾瑪看中舊金山在位置上的三大競爭優勢，也就是經濟學家一致認同的所謂「集聚力量」（forces of agglomeration）：密集的勞動市場（亦即特定領域內有許多訓練有素技能勞工的地點）、有專業服務的供應商，還有最重要的是「知識外溢」。雖然沒有討論很多，但這些力量最終會決定新創產業勞工和企業的設置地點，從而塑造整個社區的未來。了解這些力量很重要，因為它們是過去三十年來美國大分歧的肇因。分析它們也很重要，因為它們掌握了關鍵，能讓苦苦掙扎的各城市在經濟上贏得成功。我們將會看到，

3 作者註：實際上，根據現職的員工說法，一開始沃爾瑪的確曾想把「Walmart.com」設置在阿肯色州。結果卻很糟糕——本頓維欠缺網路設計師——以致公司幾乎二話不說就把該部門立刻搬走。不願透露真名的員工告訴我，商務管理系統網頁醜到內部員工至今都會開它玩笑。

它們可以解釋eBay和Adobe為什麼會覺得留在聖荷西有利可圖，也解釋了上自輝瑞製藥公司下至ＩＢＭ等眾多企業，為何選擇表面上看似不合邏輯的創業位置。這些力量越來越強大，將會在未來數年裡影響到每一個美國勞工。

利基一：規模大小無關緊要

二〇〇七年時，米基爾．斯凡尼（Mikkel Svane）與人在哥本哈根（Copenhagen）共同創辦了高科技公司「Zendesk」，可是他很快就明白，哥本哈根太偏遠了。兩年後，他把公司搬到美國，「以便能找到（資金和）天賦異稟的員工」。一開始他試了波士頓，但最終落腳在舊金山。「很激動。來到舊金山與當地人共事，我們的顧問幫助我們想得更大膽、更具企圖心，並且要真正挑戰極限。」轉移陣地時，斯凡尼這樣告訴當地新聞媒體。二十四歲的程式設計師基爾．奧萊森（Kiel Oleson），二〇一〇年從內布拉斯加州的林肯市搬到舊金山來找高科技的工作。他的故事相當典型。「我知道我想要做iPhone的開發工作，這裡有一大堆新創產業都在找iPhone的開發人員。」

如果你問舊金山的諸位執行長，為什麼他們要把公司搬到灣區（Bay Area）來——即使有多的是更划算的地方可以做生意——但多數人會告訴你，舊金山是天才住的地方。如果你問軟體工程師，為什麼要搬到舊金山，他們會告訴你，那裡有就業機會。很簡單，對吧？未必見得。雖然比起在林肯市，軟體工程師可以在舊金山找到更多職缺。可是他也會在這些機會上面臨更多競爭。這一點對雇主亦然。雖然和哥本哈根相比，有更多軟體工程師在舊金山找工作，這裡卻有更多雇主要找員工。很奇怪的是，勞工認為舊金山對軟體工程師的需求很大，但同時雇主也認為舊金山的工程師供應量很大。他們不可能同時都是對的。

其實，在絕大部分的城市裡，特定職缺的供需通常都很均衡。如果某個城市在某段時期裡軟體工程師過剩，這時就會產生對軟體工程師的大量需求，全國各地的工程師會蜂擁到那個城市去，讓供需達到平衡。軟體工程師往往年輕、學歷好，而且出生海外——這三種人的流動性特別高。一九九〇年代晚期，當網路公司大放異彩時，數百家資金雄厚的新創公司突如其來需要僱用新員工，矽谷對高科技勞工的需求爆量，全美各地有數十萬高科技勞工紛紛搬到矽谷去。繼之而來的網路泡沫，需求驟減，數十萬勞工又搬走了。但是如果在舊金山、林肯市和哥本哈根，員工與雇主間的比例相當的話，吸引奧萊森和斯凡尼到舊金山的因素是什麼？答案是，在舊金山，軟體工程師的勞動市場更密集。這一點對各大城市饒富啟示。

在勞動市場的例子裡，一如在生活的其他面向一樣，規模大小無關緊要。經濟學家老早就了解到，密集的市場——擁有眾多賣家和買家的那些——別具吸引力，因為它們讓供需更容易互相配合。先暫時把就業機會放一邊，我們來看看密集度為何是好的。想像一下，你還單身，正在找對象。泡在當地酒吧努力多年都未能成功，你決定要嘗試一下網路配對。假設在你所在地區有兩個在地上的單身網站，各方面都完全相同，只是規模大小不一樣。第一個網站稱為「密集網站」（thick.com），很典型地張貼了百位男性與百位女性的資訊。第二個網站稱為「稀薄網站」（thin.com），只列舉了十名男性和十名女性。你會選哪一個？這兩個網站男女的比例一模一樣；不管哪一個網站，「賣家」都有一個潛在的「買家」。因此，你可能會被誘導，以為兩個網站是相等的。不過，它們當然不相等。一名女性要找到她心目中百分百符合條件的那個男性——相貌、興趣或價值都是她真正想要的——在越大的網站裡找到的機率越高，因為能夠挑選的男性更多。當然，這對男性而言也是如此。

勞動市場非常類似於交友網站。密集的勞動市場對媒合雇主與勞工更有力，而且最後的媒合結果往往會更接近理想。如果你是分子學家，專長是特殊的DNA重組科技，那麼最重要的是找到一家剛好在使用該項科技的生技公司。倘若你搬到類似波士頓或聖地牙哥那類城市，當地的生技公司非常密集，如此一來你將更有可能找到真正想要的——而且會適才給薪——符合你出眾的技能。假如你搬到一個類似波特蘭或芝加哥那類城市去，當地的生技公司少得可憐，那麼極有可能你必須有所將就，薪水也會打折扣。決定搬去哪裡，將帶給你很不一樣的事業軌跡。

配對得好，同時也對雇主好處多多。搬到波士頓或聖地牙哥，生技新創公司就能享受到較高的生產力，製造出更多專利，因為它可以精準找到符合需求的分子生物學家。最終這會帶來更高的獲利，也會讓「首次公開募股」（Initial Public Offerings，簡稱IPO）一鳴驚人。專做在線身分驗證的金融科技公司「Trulioo」，從加拿大溫哥華搬到矽谷，它的執行長史蒂芬．尤福特（Stephen Ufford）注意到公司的生產力一飛沖天。「（矽谷裡）事情的發展速度非常關鍵。」他補充道，公司在三個月內完成了在溫哥華可能要花費十年的目標。密集的市場，對勞工和企業都是雙贏的。

身處於密集的勞動市場裡，若以增長的營收來衡量的話，其經濟回報對專業人士意義非凡，而且獲利在過去三十年來還在持續成長。舉例來說，在美國勞動市場裡，若處在一個擁有一百萬勞工的地方，其平均薪資將會比只有二十五萬勞工的地方還高出三分之一。

即使考慮資歷、工作和人口統計學，情況也相同。值得注意的是，這個差距較一九七〇年代增加了百分之五十。市場規模對具有高度專業技能的勞工尤其重要，比方說高科技工程師、科學家、數學家、設計師和醫師。根據研究顯示，在醫師當中，專科醫師在大城市裡執行的業務比在小城市裡精細很多。可是市場規模對無技能勞工卻無足輕重，手工勞動者和木工在大小城市裡執行的工作大多類似。

來想一想「臉書」的歷史。看過電影《社群網戰》（The Social Network）的人都知道，馬克・祖克柏是在麻州劍橋市哈佛大學的宿舍房間裡創立臉書。劍橋市向來以擁有全世界最密集的頂尖大學為豪，而且是美國學歷最高的城市之一。這個地區有大量的新創公司，人才當然也是不虞匱乏。然而，祖克柏很快就明白，為了幫他的新事業找到對的人才，必須把公司搬到矽谷。在矽谷，工程師的市場非常密集，因此祖克柏找到了學歷出眾的勞工，一群不僅是訓練有素的工程師，又恰恰具備他所需技能的工程師。從這件事來看，為了讓自己靠近其他高科技公司，祖克柏和許多高科技公司對地點的共通選擇，毫無驚人之處。獨領一方的話，可能會讓自己陷於苦戰，但是彼此聚集成群，就會變得越來越有創造力，產能也越大。

勞動市場的規模，同時也影響人們換工作的頻率。有一份針對過去二十年來一萬兩千名勞工的研究顯示，在發展事業的早期，當勞工還在到處找好的工作時，身處大型地方市場裡，換工作會比在小型市場裡頻繁。可是到了事業發展晚期，穩定性通常更具吸引力，在大型市場裡的人較少換工作，因為他們會比較滿意自己的選擇。

此外，市場密集度具有一部分失業保險的形式。如果裁員不是因為經濟不景氣，而是因為當某個特定公司遭遇某種困難時，市場密集度可以減少勞工失業的機率，因為潛在的雇主還很多。同時，密集的勞動市場可以降低企業無法填補職缺的可能性。

市場規模的重要性不是茶餘飯後的八卦。它對各大城市具有重要的弦外之音。密集市場效應（thick-market effect）是全世界新創產業都集中在少數幾個城市的主因。因為密集勞動市場在媒合勞工與雇主時更方便，所以新創產業群聚得以吸引更多高科技雇主與員工，占盡很大的便宜。然而，反過來說，那些還沒有新創產業群聚的城市，根本不可能自己創造出一個來。最後，這會使得人才重鎮與其他地方間的分歧更加惡化。

市場密集度會帶來一些相當有趣卻意想不到的後果。比方說，公司和勞工加入群聚，享受更高產能所回報的個人收益。但是他們同時也為群聚裡的其他公司和勞工創造福利，而新的加入者會讓其生產力更高。這種外部性是市場失靈的又一個例子，而政府可以介入其中進行干預，用津貼補助勞工和企業所創造的福利，來改善其效能。

出人意料的是，勞動市場的規模不僅影響勞工的生產力，甚至還會影響他們找尋戀愛對象的能力。對嬰兒潮世代來說，小城鎮別具魅力。可是對年輕一代的美國人而言，小鎮的吸引力持續銳減中，而且X和Y世代都大量聚居在大都市。這股潮流有一部分反映了文化規範的變遷，以及密集勞動市場所帶來的經濟福利增長，但有一部分也反映了找對象的概率。美國的婚姻市場已逐步順著教育線出現分化現象，學歷高的專業人士和其他同樣高學歷的專業人士進行婚配的情況越來越多。經濟學家給這股趨勢一個毫不浪漫的名詞：「選型交配」（assortative mating），意味人們傾向於和社會經濟特性相似的人結婚。選型交配並非新名詞，早在一九八〇年代，高學歷的女性就比較容易嫁給高學歷的男性，而不是低學歷的男性。不過，這股趨勢在經過三十年後又益發強大，擁有碩士學位的男性娶擁有碩士學位的女性，其機率顯著增加；大學學歷男性娶大學學歷女性的機率也增加，以此類推。這一點不僅適用於教育程度，也適用於工作類型、薪水高低和其他很多因素。物以類聚。隨著選型交配增長，對大型婚姻市場的需求也增加了。倘若你正在找尋別具特色的對象，那麼密集約會是比較好的。

不可忽視的是，即使是已婚夫妻，對密集型城市的需求也在增加，因為大型勞動市場對夫妻都是專業人士的家庭而言特別重要。這種「有權力的夫妻檔」代表著一小群正在崛起的家庭。近期加州大學洛杉磯分校經濟學家多拉・哥斯達（Dora Costa）和馬修・卡恩（Matthew Kahn）教授研究這種家庭結構變遷後發現，一九四〇年時，在夫妻兩人皆是大學學歷的家庭中，僅百分之十八的妻子有工作。到了一九七〇年，數字提高到百分之三十九，但是絕大多數都是主修教育、護理和傳統被歸類為女性做的工作；她們的經驗都是「家庭第一」，接著才是「工作」，而且經常在第一個孩子出生後就離開職場。到了一九九〇年，同樣都是大學畢業的妻子開始仿效男性專業選擇，渴望追求「事業，然後才是家庭」或「事業與家庭並重」。到了二〇一〇年，百分之七十四的大學學歷妻子都進入勞動市場，工作幾乎遍及各領域和產業。

隨著越來越多已婚夫妻擁有雙薪，他們面臨居住地點的問題也日益嚴重，因為妻子逐漸不願成為那個為了成全配偶換工作而要犧牲自己事業的人。今天，有半數的企業都指出，配偶的工作是員工拒絕配合公司搬遷、寧可辭職的首要原因。密集的勞動市場——市場大到足夠同時提供夫妻檔雙方好的專業媒合——是解決該問題的上上之策。

結果，這件事對城市的未來造成驚人的影響。哥斯達和卡恩教授發現，高學歷專業人士聚居大都市的趨勢越來越明顯，而且這類群聚激增的情形，有超過半數是權力夫妻檔面對地點問題日益嚴重所造成的。對小城鎮來說這無疑是個壞消息，因它意味著小城鎮將喪失競爭力，特別是在高學歷專業夫妻檔的眼中即是如此。長此以往，規模較小的城鎮會面臨高學歷專業人士流入量銳減的境況，未來也因此錯過新創產業的成長，長期下來則會變得越來越窮。

利基二：生態系統和創投資本

干沙路．米蘭達（Gonzalo Miranda）是智利的創投專家。他的公司名叫「奧斯特羅投資」（Austral Capital），定位在將拉丁美洲前景可期的高科技新創產業引進美國。我對於要和他見面特別感興趣，因為他在做的事正好和我們想看到的大異其趣：他要把公司從營運成本較低的落後國家，搬到加州和華盛頓州的高成本地點來。他所投資並協助北遷的這些公司，最終都在美國創造了很好的就業機會。由於他傾力在挹注新創產業的草創階段，因此公司來到美國時規模都還小，但他估計典型的公司在美國的第一年就能創造出二十份工作機會，絕大多數是工程和後勤職位。可一旦成功，那個數字就會輕易破百乃至暴增到數以千計。

米蘭達告訴我，與他共事的智利、阿根廷和巴西企業家，都是特別聰明的新創人士，擁有世界一流的新科技。他們的產品非常出色，即使留在家鄉，應該一樣能出類拔萃。但是如果想要坐大，就必須搬到美國來。他說，美國的新創中心有一個優勢，那就是找資金，但在拉丁美洲資金萬分匱乏，而且最後恐怕會被一個老派投資家獨攬在手而慘遭扼殺。另一個優勢就是法律制度。即使在巴西和智利這類南美洲最專業的貿易國度裡，想做一門生意還是困難重重，而且受到官僚系統的沉重拖累，加上法律條款複雜，進入門檻的成本難以捉摸。可是不管怎麼說，搬到矽谷或西雅圖，代表著進入一整個生態系統。「矽谷的生態系統最後成了一大優勢，不止抵銷掉較高的成本而已。」米蘭達告訴我。

米蘭達所提到的生態系統，包括了專業服務的供應商，這對新創產業非常重要，比方說廣告、法律諮詢、技術與管理顧問、物流和修繕，以及工程支援。這些服務促使高科技公司能更專注做它們擅長的事情——創新——毋須擔心後勤補給。只要單純轉移陣地遷到高科技群聚的地點，企業其實就能在一夜間規模變大，因為它可以利用訓練有素的在地專家。結果，身處群聚當中的高科技公司，產能會變得越來越高也更加茁壯。坐落在西雅圖的小型軟體開發商不需要僱用律師，因為當地已經有充足的律師事務所，它們都專精於智慧財產權、開業執照和新創產業的購併。位居北卡德罕的生技公司可以從在地商家採買到實驗室的專業服務，而硬體公司能找到專門的物流服務。矽谷當地的一位青年企業家告訴我，他需要為自己的新創事業法人化，但他不想要支付數千元的高昂律師費用。若在其他地點，極有可能必須犧牲開創的事業，但是因為他就在矽谷，所以能輕易找到律師事務所願意接受以抵押資產淨值代替現金。這種企業模式只有在密集的高科技群聚裡才有可能，它假設購併的數百家新創產業中會有家成為下一個谷歌。

從這些專業服務的供應商觀點來看，和客戶有地緣關係極其重要。它們需要靠近潛在消費者，才好評估對方的需求，並且展現自己有能力提供的協助。對成熟的產品這一點無關緊要，但當是全新產品時，那就至關重要。「益華電腦公司」（Cadence Design Systems, Inc）是一家頂尖的高科技公司，生產眾多企業用以設計電子系統的軟體，其客戶包括IBM、西門子（Siemens）、輝達（NVIDIA）、芯科實驗室（Silicon Laboratories）和思科，這些公司絕大多數都在矽谷。我問該公司資深副總裁（Senior Vice President）徐季平（Chi-Ping Hsu），為何益華把絕大部分的研發勞力都放在聖荷西，他答道：「你要如何決定新產品的架構樣貌？每隔一天拿樣本去給客戶看就行了。」

就是這個因素，使得生態系統的地理位置必須在一起。益華之所以設在矽谷是因為它的客戶——其他高科技公司——都在那裡。而客戶之所以在那裡，是因為它們的供應商都在那裡，包括益華在內。假如這個聽起來很耳熟，那是因為我們在勞工和雇主身上也見到了一模一樣的密集市場效應。這點對當地的社區有兩個重大的影響。首先，它增加了當地高科技公司所創造的就業機會。如果一個城市能吸引一座ＩＢＭ的辦公室，那麼它的獲益就不只是ＩＢＭ提供的工作機會，也同時讓益華及所有其他服務供應商產生就業機會。這是高科技乘數效應之所以巨大的原因之一。其次，它會強化擁有重大新創產業城市的吸引力，而沒有新創產業的城市就被排擠了；它使ＩＢＭ更願意在矽谷設立辦公室。

以瑞典電信巨擘愛立信集團（Ericsson）為例，技術方面的總部設在斯德哥爾摩（Stockholm）。《華爾街日報》（Wall Street Journal）曾報導，該公司首席科技長哈康・愛立信（Håkan Eriksson）在斯德哥爾摩沒有辦公室，他其實是在聖荷西上班，「愛立信在那裡，擁有超過一千兩百名員工專注於研發工作。」過去，愛立信因鄰近芬蘭手機巨人諾基亞（Nokia）沾光不少。但如今該公司發現靠近蘋果公司更重要，因為iPhone和iPad的關係，同時也要靠近谷歌，為了安卓（Android）的手機作業系統之故。「行動電話的中心已經從芬蘭轉移到矽谷了。」愛立信先生說。不可思議的是，就連諾基亞似乎也看法一致；它在帕羅奧圖（Palo Alto）設置了一個研究中心，僱用了三百八十名員工，其中八成都擁有博士學位。中心主任約翰・沈（John Shen）告訴《華爾街日報》，「為了要具備全球競爭力，你真的必須在矽谷留下足跡。」

高科技生態系統裡最重要的一環，恐怕是創投資本。在經歷了次級貸款慘劇和經濟大蕭條之後，金融新創產業惡名昭彰。但強而有力的金融體系對創造就業機會卻是十分重要的。和一般認知背道而馳的是，對富人來說，堅不可摧的金融體系比較沒那麼重要，因為相較於那些努力求財的人，富人本來就很有錢。創投是解決老問題的明智之舉。年輕人往往點子多、創造力無限，卻總缺乏資金來加以落實。創投的工作就是在成千上萬的新點子當中，鑑定出有前途的那幾個。這是非常民主的概念，也是美國夢很重要的一環。

我成長在義大利，這個國家很難挹注新創產業實現夢想。在文藝復興時期，義大利的銀行，特別是那些設置在佛羅倫斯的，都是歐洲市場的佼佼者，可是在近幾百年後，它們卻早已落後多時。因此，對一個擁有聰穎新概念的義大利青年來說，特別難以在高科技產業裡做生意。這項限制造成了兩種代價高昂的扭曲現象。第一，新創產業很容易突然減少；縱使有一流的工程學校，但義大利的高科技產業經濟不甚發達。第二，缺乏創投金援造成非常大的貧富不均，因為它排擠了那些出身背景不好的人。如果你有一個好的創業想法，又出身好家庭，就可能拿到金援，不論是直接獲得家族挹注或因為你的家族能提供擔保品給銀行。可是如果你有同樣的點子卻來自窮困家庭，沒有抵押品，那就沒那麼好運。真可謂是可怕的浪費。

二〇一〇年，我決定要向工作的加州大學柏克萊分校申請休假，花一年時間在史丹佛大學當客座教授。每天早上上班，沿著門洛公園的沙山路（Sand Hill Road）一路開車。沙山路坐擁全球最密集的創投公司，所有重要的創投企業都設置在此，包括神話傳說一般的紅杉資本（Sequoia Capital）和凱鵬華盈（Kleiner Perkins Caufield），早年曾挹注歷史上具指標性的新創高科技產業：谷歌、蘋果、亞馬遜、甲骨文、雅虎、YouTube、PayPal、網景通訊（Netscape），還有思科。我常常看到青年企業家懷抱美夢走進其中一幢低矮的建築物，想必是去推銷他們的點子。沙山路上那些低矮的房子是創投資本家們決定新創產業未來能否商業化的地方。最感驚訝的是，我發現創投企業非常在地化。創投家習以為常地談論著「二十分鐘規矩」：創投家通常只考慮金援距離他公司二十分鐘車程的產業。今天，產業已經更為全球化，但在地的創投仍舊維持這個偏好。有項研究顯示，創投公司和它的標的物距離越遠，投資創立的新公司越少。

對「RelayRides」創辦人謝爾比．克拉克（Shelby Clark）而言，這一點毫不意外；RelayRides是一家汽車共享的新創公司，讓車主把汽車出租給其他人使用。克拉克據說在二〇一一年不得不把新創產業從波士頓搬到舊金山，因為「想要更靠近公司的資助者『奧古斯特創投』（August Capital），還有谷歌子公司『谷歌風投』（Google Ventures）」。西班牙的新創公司「3scale網路公司」，同時在巴塞隆納和加州都設立辦公室，其商業開發部門的主管荷西・路易士・安傑爾（Jose Luis Agell）說：「身為外國公司很難取得資金。」十年來，大家都在說，矽谷成功的祕訣就是，它是個很厚實又清晰了解投資風險的創投基地。可是，擁有地利之便，和金援有什麼關係？為什麼在通訊便捷且機票便宜的世界裡，沙山路的創投資本家仍偏好靠近它們的新創產業？

威廉・德萊普三世（Bill Draper）知道答案。他是矽谷最有經驗的創投資本家，工作資歷超過四十年。他認為，錢只是創投資本家提供給新創產業的一樣東西。「有很多支援，很多團隊努力，很多組織，還有企業家和創投資本家之間的很多互動，都對創造一個新創產業非常重要。」他在近期的採訪中說道。今天，創投資本家不光是開支票就閃人。他們的工作有一部分越來越偏重於主動監控、培育並輔導新事業體。這也是地點至關重要的原因之一。

如果新創產業就位在附近，培育監控起來毫無疑問更容易。要矽谷的創投資本家去監控聰穎過人但口袋空空的義大利企業家，卻困難得多，不管他的點子有多棒。谷歌可能是最出名的例子，可用來了解在創投史上輔導的重要性。谷歌早年的投資人包括來自凱鵬華盈的約翰・杜爾（John Doerr）。他早期挹注的資金難能可貴，協助谷歌度過草創歲月。

可是更重要的是，他堅持謝爾蓋・布林（Sergey Brin）和賴利・佩吉（Larry Page）——聰明過人的工程師，但當年還是天真的生意人——一定要僱用一個經驗老到的主管來擔任執行長。在杜爾的指導下，兩名創辦人選中了艾立克・史密特（Eric Schmidt）——這大概是谷歌在草創期間做得最明確的商業決策之一。凱鵬華盈的辦公室距離谷歌僅十英里。尋找合適的執行長卻花了近一年的時間，還碰壁了無數次，大部分是因為布林和佩吉不樂意遵循杜爾的建議，杜爾必須不斷地加以敦促。就跟找結婚對象沒兩樣，遠距非常辛苦。

立足在舊金山的「i/o Ventures」投資公司，贊助許多草創期的高科技新創產業，而且參與了創投公司的浪潮，耗費相當驚人的時間與精力做輔導。在地的高科技傳奇，諸如「Yelp」的羅素・西蒙斯（Russel Simmons），會提供諮詢和商業上的建言。相當重要的是，要能讓創投公司一擲千金挹注新創產業，其中一個必要條件就是，它們必須搬到舊金山。據說，從這種新創產業加速器計畫——計畫中由創投資本家引導新創公司從點子到產品上市——所產生的好處，只有面對面才可能實現。

最後一點，地利之便對創投資本家仍是意義非凡的。即時通訊Skype和手機也改變不了這項簡單的事實。這也是全世界的高科技產業不管是目前或未來，在地理上如此集中的原因之一。

利基三：知識外溢的魔法經濟學

「ECOtality」是一家先進的清潔運輸與蓄電的高科技公司，它在二〇一〇年將總部從亞利桑那州（Arizona）搬到了舊金山的灣區。無獨有偶。德國公司「Q-Cells」，還有中國企業「天合光能」（Trina Solar）、「尚德電力」（Suntech）、「英利綠色能源」（Yingli Green Energy），還有西班牙公司「FRV」，最近都在灣區設立門市。「清潔技術集團」（Clean-tech）正逐步將總部或研發實驗室搬到這個地區。美國國家公共電視台（NPR）最近採訪ECOtality和執行長，報導說他搬遷的原因是「為了靠近活動」。就某方面來說，這點憑直覺就知道。畢竟，誰想遠離活動所在處？可是往深入一點來探究，這引發了一個疑問，「靠近活動」究竟代表什麼。為什麼這些公司都想要靠近他們的競爭對手？他們能從中得到什麼好處？

答案和一個簡單的事實脫不了關係：新點子不會橫空出世。根據研究，富創意的勞工間之社交互動，很容易帶動學習機會，進而提高創新力和生產力。這種知識的流動與擴散，對身處一個新創產業群聚內的勞工和企業而言，是極為重要的第三種利基。

如上所述，平均學歷是左右各個城市薪水高低不同的最重要因素。勞工在人才重鎮賺得多的這個事實並非偶然，而是來自跟高技能同僚共事，勞動生產力會提高的結果。同一個人的薪水，可能會因其周遭的學歷是高是低，而有很大的差異。一般情況下這很容易理解，但它並沒有告訴我們為什麼會這樣。如果我們想要知道新創產業為何坐落在一些城市而不是另一些地方的話，了解朋友圈、同僚圈或城市裡科學家的知識究竟如何擴散，是很重要的。經濟學家保羅．克魯曼（Paul Krugman）在成為《紐約時報》評論員之前，曾針對這個領域做過開創性的學術研究，他寫下名言：「知識流看不見，它們沒有留下可供測量和追蹤的紙本痕跡，也沒有什麼可以阻止理論學家任意假設它們。」

克魯曼的懷疑主義鼓舞了許多研究學者更加努力去評估思想的擴散。在一九九三年，三位經濟學家——亞當．傑飛（Adam Jaffe）、曼努埃爾．特拉傑滕貝格（Manuel Trajtenberg）和蕾貝卡．韓德森（Rebecca Henderson）——發現可用的紙本蹤跡：專利引文。在申請專利權時，發明家必須羅列其所依據的一切先行發明。這些關聯性提供了經濟學家一個創新的途徑，得以追蹤知識在發明家當中的流動情形。結果令人吃驚，知識相當程度受制於「本土偏好」（home bias），也就是說，發明家顯然較可能引用毗鄰居住的其他發明家，而不愛引用相隔遙遠的發明家。因為專利是任憑自由取用的，引用時不應該會呈現地理上的偏袒才對。例如住在北卡德罕的發明家在做各種發想時，應該對其他任何地方的發明產物或理念，是一視同仁的。然而，德罕的發明家卻比較容易引用德罕其他前輩取得的專利發明，而非另一個城市的某項專利。

本土偏好的嚴重性相當驚人，除了來自同一家公司的引用專利，在其餘的引用專利裡，來自本身城市的是其他地方的兩倍之多。這表示，科學家和發明家比較熟悉那些在工作上靠近他們的知識，可能是因為他們會透過非正式的交談與互動，分享理念和資訊。工作場所內部與外部都會發生這些交流，包括閒暇場合如在地小餐館或社交活動。舉例來說，在矽谷，對於當地社區的印度裔工程師而言，週末的板球比賽就是個大好時機，不僅可以從事體能活動，同時還是社交活動、交換商業訊息的機會。這群工程師裡有人告訴《紐約時報》，越來越常見「板球掉進了生意經」。地理對知識的散播意義非凡，而知識也會因為距離旋即告終。當發明家和要被引用的發明家相距超過二十五英里，引用率就會明顯降低；一旦超過一百英里外，這樣的效應就完全不見了。

地理上的距離似乎阻礙了理念的流動，就連在公司的疆域之內也如此。光是這點就讓企業們不願將新創階段的任何一部分外包給低成本的國家。就以高科技公司益華電腦為例。它在聖荷西約有兩千名員工、在印度則有一千名勞工，還有一千名分散全球各地。一名印度的T4級軟體工程師，薪水是聖荷西相似資格軟體工程師的三分之一。我問益華電腦的資深執行副總裁尼米西・莫迪（Nimish Modi），既然可以節省不少錢，公司為何不遷走更多研發部門到印度去，他告訴我，毗鄰而居和個人交流，對工程師的創造力非常重要。「我們有很精密的視訊會議設備，而且我們也常用它們來和印度方面通訊。可是那和面對面互動不一樣。一群工程師坐在一起，在白板前面做討論，是無可取代的。」他說。

身為大學教師，我對此毫不驚訝。雖然我每日都和遠距的同事用電話和電郵通訊，可是我最美妙的想法往往都發生在不期而遇之間——和同事共進午餐或茶水間裡。理由很簡單，電話和電郵是在關鍵創意點子確立時，傳輸資訊、確保研究計畫順利進行的絕佳途徑，卻不是激發那些點子的好方式。新的理念都是在無拘無束、毫無計畫的互動時，神祕而不可測下爆發出來。想和遠距的同事約定時間打電話來想新點子，簡直滑稽可笑。我猜，絕大多數的研究人士都同意這個看法。畢竟，我們之所以花費這麼多時間做學術討論，要僱用或解僱誰，理由也是因為同事會影響我們本身的生產力。

和聰明之輩為伍，容易使我們也變得更聰明、更有創造力，最後產能也會更優越。人們越是聰明，這樣的效應就會越強。麻省理工學院斯隆管理學院教授皮埃爾・阿祖雷（Pierre Azoulay）、加州大學經濟系教授約書亞・茲文（Joshua Graff Zivin）、王嘉蘭（Jialan Wang）針對醫療研究人員和超級學術明星共事會有什麼結果，進行了量化研究。

因為是出於自我的選擇，這當中很難建立因果關係。超級學術明星很容易和超強的研究人員共事，因此，他們的合作夥伴也特別多產，但可能只是因為他們比較傑出，而不是因為他們從知識外溢中獲得好處。為了控制這項研究，三位經濟學家想出了一個絕頂聰明的點子。他們對超級學術明星的夥伴產能做研究，看看若超級學術明星意外死亡的話，結果會如何（他們確認有一百一十二名超級學術明星已過世）。雖然在超級明星辭世後，夥伴們本身的環境毫無改變，但是卻發生了「發表作品調整品質的比例，持續減少了百分之五至八」。

當他們互相靠近時，不只大家的發表物更多，研究品質也更傑出。哈佛大學醫學院的一個醫師團隊，研究了哈佛大學發表的所有醫療研究論文跟它們引用數據的原作者辦公室間的距離，結果發現，相距不到一公里的研究品質是好的——所謂好，是根據有多少研究人員引用該篇論文而定。如果作者就在同一處建築物內或使用同一部電梯的話，其影響甚至更大。

因此，新創產業有足夠動機要靠近其他新創產業。同理，隔壁有傑出的同事也會影響我的創造力，好鄰居——甚至競爭對手——能優化企業與勞工的創造力。反之，這點有助於解釋為何人才重鎮的勞工比其他條件相同的勞工薪水多。在激發新點子的過程中有某些妙不可言的東西。透過彼此相近群聚在一起，培養出彼此的創造力精神，而且會變得更加成功。久而久之，這些效應變得重要無比。當許多人認為電郵、手機和網路已經讓實體毗鄰在新創過程中不那麼重要時，事實證明恰恰相反。地點比起以往更為關鍵，部分原因是因為知識外溢較之以往更加意義非凡。這也是加速三個美國在財富上分歧的關鍵因素。

知識外溢日益重要，影響的不僅是商業與勞工密集的城市而已。它同時也改造了工作場所的實體配置方式。以前辦公室都是以門簡單隔出房間，直到開放式潮流徹底改造了白領階級許多工作場所的設計方式，引進「呆伯特式」（Dilbert-like）小隔間為止。新的潮流有個最吸引人的概念就是「共事」。這個概念誕生於加州，旋即風靡全美。典型上，共事的空間裡聚合了企業家、發明家及繪圖家，大家在同一幢建築內租用辦公桌或辦公室，坐在彼此的旁邊。他們是美國新創中心裡與日俱增的新創專業人士，是自僱人士，偏好獨立於較大型的企業之外。在共事的空間裡，每個人做著自己的計畫，可是這樣的配置很有感染力，因為它提供了分享點子、建立關係和培養創造力的可能性，也把獨立的發明家納入能將知識外溢擴大到最大範圍的一個真實社群，一個有創造力的生態體系裡。

範例之一是舊金山的紀事報大樓（Chronicle Building）。除了眾多企業外，它裡面還有一家高科技孵化器、一所數位製片學校、一間藝廊、一間「發明家、製片、駭客、思想家」的工具工作室，以及數百名工程師、科學家、藝術家和社會公益創業，都覺得彼此獲益良多。走進這類場所，你會覺得比較像是研究所而非普通辦公室：大家互相交流、交換訣竅解決技術問題、互相評估彼此的商業計畫。對於原本可能離群索居、獨自在家裡或車庫辦公的個體戶而言，這樣的目標是「激進的合作」。在紀事報大樓的任何一天，你都可以發現，某個時尚設計師在描繪她未來的帽子系列產品，而坐在隔壁的機械工程師正在使用雷射切割工具，他隔壁的柏克萊企管碩士正在為非洲達佛（Darfur）新成立的非營利組織撰寫補助提案。創造力顯而易見。有些共事的場所正在進行座談或展示新近科技產物，譬如「新創示範之夜」。還有一些人正值休息時間，與天使投資人進行午餐會報。凡此種種，都是在建立關係、分享見解。由於這個現象還很新穎，共事究竟如何影響創造力和商業成功，現階段仍未進行過精確的研究。不過，所有的跡象都指向正確的方向。例如紀事報大樓早年的成功故事裡有一個是「Square」，它是行動電話的信用卡支付系統公司，由推特（Twitter）的聯合創辦人傑克・多西（Jack Dorsey）創辦，短短一年間就從五名員工擴編成上百人的規模。

人才外流為什麼是好事

這三種吸引力有一些不同凡響之處。它們能促使一群個別的勞工和企業，整合成有創造力的共同體，力量遠大於自己組建的公司。

這可以帶動經濟學家稱之為「本地化經濟規模」（Localization Economies of scale）。經濟規模這個名詞，通常是指企業在擴大規模時有能力變得更有效能。比方說，大型汽車製造廠比小的更具效能。但是這些經濟規模並不適用於單一公司，而是適用於在一個地理區域內的眾多公司。較大的群聚更有效能，是因為它們擁有密集的勞動市場、更術業有專攻的服務供應商及更多知識外溢的機會，其影響可能相當驚人。群聚裡的個別公司未必會在擴大規模時變得更有效能，但所有公司會在群聚擴大時，一起變得更有效能。這裡面有個令人驚訝的含意是，做為一個國家，美國會更有生產力——因此更富裕——因為它的新創產業集中在數量有限的新創中心，而不是散落在各個城市裡。對我們的知識經濟而言，這一點有些自相矛盾。吸引力和經濟活動凝聚，會導致社區間的差異和不平等。可是與此同時，美國經濟活力與繁榮有個很重要的部分，卻也仰賴於它們。

當工程師、科學家和發明家離開已成立的企業自行創業時，三種吸引力會被擴大。這個繁殖的過程存在於所有的產業裡，但是在新創產業裡更為激烈，部分原因是因為新創產業的員工往往都是非常特殊的一群人。在外人眼中，他們或許乏味，可是卻極富創造力和企業家性格。他們往往在其雇主非常成功之際離職。創業早期很容易樹立一個不講究禮儀的文化及一種無階級的工作環境。然後隨著創業成功與茁壯，必然變得越來越正式，也相對欠缺刺激感，導致有些極富企業家精神的員工想自立門戶。這種大量產出的過程，經常會因為認股權，變成是件輕而易舉的事；一旦有了認股權，就能把種子基金變成新的商業模式。

企業內最聰明的員工傾向自立門戶，通常被稱為「人才外流」（brain drain）。企業心知肚明有失去最天才員工的風險，也會反擊。英特爾祭出給薪休假方案，谷歌允許所有員工可以花百分之二十的時間做自己的計畫。一旦關鍵的員工威脅要自立門戶，谷歌最有名的做法就是給他們機會，在谷歌內部成立自己的公司。這些額外收入，在高科技業以外的產業聞所未聞，足證明高科技產業裡主力勞工的創造力何等重要，而且企業保住傑出員工又何等被看中。

然而，從個別企業的觀點來看，寶貴的是從社區總體而來的高度收益，因為這表示有更多的在地工作。由於群聚的磁吸效應，徒子徒孫都不會距離母公司太遠。研究顯示，繁殖的過程鮮少是零和遊戲，年輕企業的收益不會犧牲前輩企業而來。這個過程最終反倒是造成當地社區在僱用上的一個淨收益。更好的是，徒子徒孫又製造出徒子徒孫。因此，從當地政府的角度來看，今天吸引一份高科技就業機會，未來將會造就更多的就業機會。

這對「三個美國」意味什麼

對吸引力的這個新認識，彈出好幾個弦外之音。最重要的是，城市的經濟表現將會持續分歧下去。我們已經看到，美國的經濟地圖極度貧富不均。光譜的一端是人才重鎮，擁有高技能與高產能的勞工賺取優渥薪水。而另一端的城市裡，勞工卻是技能有限、產能低且薪水一路下滑。不同的美國之間的分歧，年復一年在擴大，如今我們知道原因何在了。

這種分歧是群聚成團的三股力量造成的必然結果。這些力量無法避免地擴大了美國社區中贏家和輸家間的差距。擁有正確產業、勞工具有正確技能的城市，其地位固若金湯，而其他的城市受困於過去，正在喪失立足之地。這是一股引爆的動力：一旦某個城市吸引了一些新創產業勞工和企業，它的經濟便會有所改變，讓它更能吸引其他新創勞工與企業。這麼一來，很容易產生一種供需上的均衡態勢，許多有技能的人都要找新創產業的工作，而新創產業的公司都要找有技能的勞工。最後，這也是為什麼波士頓的勞工薪水領的比弗林特的多。隨著群聚成塊的力量改造了經濟地圖，假以時日這種地理上的分歧將會益發擴大。

第二個弦外之音是，一旦群聚建立之後，就很難把它移走。這正好是城市未來取決於其歷史的一個例證。社會科學家們稱之為「路徑依賴理論」（Path Dependence）。舉個例子，譬如航太產業歷史上都坐落在洛杉磯。一九九三年，都市計畫師安・馬庫森（Ann Markusen）採訪了各主要航太企業的主管，問他們為什麼他們要落腳在南加州。他們的答案非常發人深省。軍工廠商「諾斯洛普」（Northrop）的一位主管這樣說：「如果一個人要建造第一架飛機，那麼他不會選擇在洛杉磯。洛杉磯甚至不在前十大首選名單內。但是，搬遷的花費太驚人了。」在天合汽車集團（Thompson Ramo Wooldridge，簡稱TRW）裡，答案更直截了當：「這裡的居住成本很高，交通狀況很糟。但是我們還是會留下來。」即使一開始讓洛杉磯魅力四射的局勢早已消逝無蹤，但因為吸引力所致，產業很難轉移陣地。

這意味著，沒有新創群聚的地區很難創造出一個自己的新創群落。這是個雞生蛋還是蛋生雞的問題。專門從事高科技的勞工，難以搬進一個沒有群聚的城市，因為很難找到雇主能珍惜他們獨特的技能。高科技企業絕不會搬到很難找到專業勞工的地方。這對陷入困境、苦苦掙扎想要自我改造的社區，真是棘手難題。

然而，對於美國整體而言，這個弦外之音卻較為有利，它意味著美國的新創產業某程度上是不必面對外國競爭的。因為這三種力量的緣故，要搬遷新創活動，比要把實體製造業轉移陣地更困難。玩具工廠或紡織廠是獨立的實體，幾乎可以放在全世界任何地方，只要運輸便捷、勞工充足即可。相較下，生技實驗室或高科技新創產業公司比較難以輸出海外，因為你要移走的不僅是一家公司，而是整個生態體系。如果我們一切重新開始，我不確定今天的美國是否還會是世界新創產業中心的候選人。但是我們並不會從頭開始。美國新創產業的群聚賦予它一個無可撼動的優勢，勝過歐洲、中國和印度。

這一切沒有半點值得自滿。群聚成團的力量不能保證我們能永遠在新創產業裡維持領導地位。雖然航太業的套牢效應已經持續好一段時日，然而在馬庫森的研究問世後二十年，這種套牢效應減弱了很多，洛杉磯的航太產業工作機會數量也變得更少。我們隨即就會知道，美國所擁有的一切，無非是贏在起跑點罷了。

為什麼成功的祕訣是適應

市場經濟從來都不是靜態的。今天的前衛產品不久就會變成日常，很容易做出來。位居科技尖端的產業將會變成主流，而之後就成了過往遺跡。今日的好工作，無可避免地將是明日的爛差事。最早提出這股動態力量的人是卡爾・馬克思（Karl Marx），他認為，那就是資本主義制度本身內在不穩定性的證據。八十年後，奧地利經濟學家熊彼特（Joseph Schumpeter）卻指出，這種「創造性破壞」（creative destruction）的過程，是資本主義的偉大力量，也是茁壯的發動機。

就其根本天性，創造性破壞對市場經濟至關重要，而新創產業是市場經濟的一環。普林斯頓的經濟學家艾倫・布蘭德（Alan Blinder）最近提出，在一九五〇年代時，生產電視機的企業在美國的高科技中心創造出數萬份高薪的工作機會。過了一段時間，電視機變成只是另一項容易生產的日用品，而今天，沒有一台電視機是在美國生產的。電腦製造業接手電視機產業遺留的空缺，而且好一段時間都能帶動四十萬份高薪工作。我們之前也看到，這些工作機會絕大多數都已搬到其他地方去了。但這並非失敗的徵兆。甚至，這是成功的徵兆。為了維持繁榮，社會需要不斷攀爬新創產業的階梯。如同熊彼特所主張的，那是始終確保自工業革命爆發以來，我們能夠昌盛繁榮的動態力量。

因此，對美國未來最重要的問題是，我們的新創產業是否能自我調整並徹底改造以保前衛性。群聚，和鑽石不一樣，難以恆久遠。總有一天支撐它們的產業成熟了，不再創造繁榮，就會變成累贅。吸引力賦予重要的優勢，可是一旦無所不能的群聚瓦解時，將令人震驚。在全盛期，底特律汽車業是全美最舉足輕重的新創產業中心，可比作那個年代的矽谷。和今天的矽谷一樣，底特律遍地無不是優秀的科技公司，全世界人人稱羨。經濟學家史蒂文・克萊柏（Steven Klepper）認為，矽谷以某種不可思議的程度崛起，一直循著底特律早期躍升的軌跡，不論是人口、就業情形、創業和新創產業，莫不如此。因此，底特律值得注意，它是我們目前新創產業重鎮未來的重要教訓。

和今日的矽谷沒兩樣，底特律過去自以為它的領先地位堅若磐石。在一九四〇至一九五〇年代間，它在汽車業的支配地位非常強大，人人都想分一杯羹。工會雄心勃勃要求加薪、要求更豐厚的福利，工作守則日益嚴格死板。管理階層志得意滿，漸漸忽視效能。政客們以為汽車業無法搬遷至別處，故而無視於南部各州祭出「工作權法」（right-to-work law）[4]所帶來的威脅。但是更為根本的是，底特律的致命缺點——造成它最後毀滅的主因——就是它沒辦法適應。群聚難以緊緊抓住衰敗的產業，必須在引爆點之前，拿出自己

4 譯註：禁止僱傭關係以區別待遇來激勵工會成員，有的更禁止僱傭中的工會壟斷（monopoly）；絕大多數是禁止以工會成員資格（或向工會付費）做為僱傭條件。

獨一無二的力量抗衡，徹底改造自己。一旦垮台，就會像滾雪球般又快又痛苦。同一股吸引力，會在萬事如意時引發群聚現象快速崛起，卻會在情勢急轉直下時加速瓦解。底特律的錯誤不是不能中止汽車製造業就業機會的消失。不同的產業關係、管理制度及政治決策都有可能拖延衰退，但那只是時間問題，汽車製造業終究不再是繁榮的推進器。底特律的錯誤是在仍有生態體系時，未能改變生態體系的方向，導入新東西。這一點很可能是底特律和舊金山—矽谷地區間的差別所在；舊金山—矽谷地區不斷進行實驗，去適應變化莫測的技術前景。舊金山曾是個產業發電廠，有良港做靠山。一九七〇年代時，它的生態體系果斷朝向專業服務與金融業，繼而是發展高科技業。這個脫胎換骨的過程，至今仍持續不墜。一九九〇年，該地區裡的高科技工作機會，主要集中在重型機械方面。如今，超過七成的就業機會都在更時髦的科技業，包括網路、社交媒體、雲端運算、清潔科技和數位娛樂。生命科學研究的成績也相當可觀。

身處變化萬千的世局裡，成功的祕訣就是不斷適應。隨著高科技的定義持續演化，灣區也在改變。與其執著於一個產品或做事的某種方式，灣區寧可每年進行自我改造。城市的吸引力抓得住有技能的勞工和專業服務，但是精確無誤的技能與服務業種，久而久之也隨著變化莫測的科技面貌在變化。這樣才可確保，一旦好工作變成了爛差事，會有一波新的就業機會取而代之。某種意義上，這種創造性破壞才是成功群聚的真正里程碑，也是利用吸引力的價值來做充滿活力的事。

「所有政治都是當地的事。」前美國眾議院議長提普．奧尼爾（Tip O'Neill）如是說。縱然盡顯魅力，全球的新創產業甚至比政治更是當地的事。不同的社區有迥異的價值觀和專業技能，這點必然會影響其所發想的新理念，最後產生別處難以複製獨一無二的產物。創新的過程絕大部分，是當社區不同部分建立起關聯時，出人意表的相互得益。從這個方面來看，矽谷轉變朝向多樣化是非常重要的，因為它要仰賴高科技生態體系不同部分的理念，與人才不斷交流所產生的互補與融合。例如該地區在醫療研究與遊戲娛樂二者的過人之處，使得這兩個表面上看似不相干的產業，以「嚴肅遊戲」（serious games）的形式互相結合在一起；所謂嚴肅遊戲，是將前衛遊戲科技用在治療疾病上。一家當地的公司「波澤特科學所」（Posit Science）已經推出了像是遊戲軟體的產品，試圖用來改善記憶力和注意力，說不定還能協助治療特定的疾病，如自閉症和思覺失調症（Schizophrenia）。另一個例子是斯特勒（Stellar Solutions），一家航太公司，專研紅外線飛彈警示系統和探險火星的載人太空艙。不久前，這家公司因其專業技能，不僅成為太空科技領導者，更進而開發地球科技；它的工程師利用電磁波預測地震。公司的執行長預測，終有一天你「打開電視機，不但能看到颶風警示，還能收看到地震警告訊息」。

美國新創中心在進行適應時，並非都能如意。地圖上各大城市星羅棋布，它們都曾是新創產業的發動機，卻因無法徹底變革，導致一敗塗地。例如一九八〇年代，紐約州的羅徹斯特曾是光學科技與影像的新創群聚重鎮所在。全錄就是在一九〇六年時在當地創立的，至今猶在原處。柯達也設廠在那裡，而且直到一九八〇年代前，它的員工高達六萬兩千人。柯達在當時就好比谷歌或蘋果，而羅徹斯特是美國各大城裡頂尖專利產品的佼佼者。（回想當年，在一九九〇年代中期前，照相設備與底片製造商在專利產品排行榜上一枝獨秀。）當地的薪水遙遙領先全州和全美。可是隨著繼之而來的數位攝影，讓大家不再購買柯達底片。這家公司從來沒有徹底適應新的數位前景，今日員工數只有區區七千人。

這真是個嚴重的打擊，但還不至於致命。企業會來來去去，可是社區不會。羅徹斯特的根本問題是，當地的高科技群聚沒有能力轉型成新的東西。就像底特律的情況一樣，當地的企業家從未大量涉足不一樣的高科技領域，因此社區無法轉移到新的高產能前景，轉型終告失敗。羅徹斯特大學依然是重要的研究發動機，城裡還是有一些新的高科技公司，專利品的生產也在持續進行中，但是很明顯的，這個城市最活力充沛的歲月已是過眼雲煙。薪水大幅跌落到全州平均值以下，人口亦在不斷流失。《華爾街日報》說，有些社區空屋大幅增加，市政府的員工甚至給一大排空蕩蕩的店面畫上昔日榮景的壁畫，遮掩其醜態。柯達總部的周遭，曾幾何時喧鬧活躍的商業區，如今看似鬼城。

展望未來，吸引力引起美國的兩大關鍵問題。第一個是，我們該怎麼做才能維持、促進並強化我們的新創中心。做為一個國家，該如何無限擴大機會，讓我們的新創中心循著舊金山—矽谷群聚，而不是步上底特律和羅徹斯特的後塵？第二個問題是，要如何協助眾多目前沒有好工作和技能勞工的落後城市。

在回答這些問題之前，我們必須更充分了解，各城市間龐大的經濟差距會滯留多久時間。如我們所見，美國各社區間工資和薪水的差距極其巨大。現在我們也知道原因：它們恰恰反映出勞工產能的巨大差異，意味著新創企業理所當然會設立在新創中心，即使做生意的成本高出很多。不過，勞工本身又如何？如果薪水和生活條件的差距是如此巨大，那麼人們為什麼不願從勞動市場疲弱之處，搬到勞動市場強健的地方去？我們不應該全都住在西雅圖或奧斯汀嗎？現在，我們觸及了流動性的議題，而它關係到全美的眾多社區。

第五章 ◆ 生活費與流動性的貧富不均

有史以來，美國人始終是流動性特別高的一個民族，不斷尋找更好的經濟條件。不過，這種在地理上重新適應的情況並不那麼盡如人意。事實上，它非常不平等。就算人人皆能完全自由遷居至任何地方，去找尋更好的生活，卻不是每個人都會好好利用這樣的機會。事實上，此事充分彰顯了美國的貧富不均。

在義大利，我生長的地方，絕大多數人窮其一生都住在他們出生的城鎮裡，那裡往往也是他們父母的出生地。義大利的年輕人流動性非常低。我於二〇〇六年發表的研究裡曾下了這樣一個結論，那就是義大利人傾向與父母同住，直到年紀相當大為止；介於十八到三十歲的義大利男性當中，有百分之八十二仍舊住在家裡。等到他們真的要離開雙親的家，也不會搬離太遠。年輕人通常在父母老家的同一社區裡找公寓住，往往還是同一幢樓。義大利人或許是個極端的例子，但一般來說，歐洲人比美國人更安土重遷。相較於多數的已開發國家，美國人比較不會留在原鄉。經濟大蕭條曾經暫緩了美國人的流動性，可是一旦經濟反彈，大夥兒又開始大搬家。

搬遷的意願高，是美國繁榮昌盛的一個很大的因素，而且始終如此。法國思想家托克維爾（Alexis de Tocqueville）在十九世紀時曾說過：「數百萬名男子忽然朝同一個方向行進，他們的語言、宗教信仰、舉止談吐大相逕庭，可是他們的目標卻是一致的。西方某處早有應允的財富，往西行就能有所斬獲。」十九世紀晚期到二十世紀初，農村地區勞工移民到都市區，成了很重要的勞力，掀起美國煉鋼廠和一眾工廠的擴張潮。經濟歷史學家約瑟夫・費里（Joseph Ferrie）是這個議題的一流專家，他注意到：「在大西洋沿岸最初的狹長殖民地帶，移民使得天然資源的開採變得容易。十九世紀中葉，農民再移居到俄亥俄河谷（Ohio River Valley）更肥沃的土地去，並挺進北美大平原。礦產與林產資源的工作，則交由遷居西部和西北部的移民。到南北戰爭之前，北部各州東邊與西邊之間的工資差距，早已消弭無蹤。」比起其他已開發國家，美國人始終在移動，不停歇地追逐下一個機會。費里苦心孤詣取用歷史上人口普查的原始資料，得到詳細數據，估算出即便在十九世紀，美國人的遷移傾向，還兩倍於同期的英國或日本。

今天大約有半數的美國人家，每五年就要換地址，這個數字在歐洲簡直難以置信，而且遷居到不同城市的數字也相當驚人。約莫有百分之三十三的美國人住在某個不是自己出生的州，而一九〇〇年時這個比例是百分之二十。這種令人震驚的流動程度，有好有壞。一方面，遷移有社會與個人的成本。和歐洲人相比，美國人很容易住在離父母、手足很遠的地方。等到他們有了小孩，就很難仰仗家人在養育上給予協助。而且他們的鄰里關係薄弱，因此和鄰居也不熟悉。不過流動性也有優點，假如某個地區的經濟條件不是特別好，美國人很容易就會前往他處尋找更好的機會。反之，義大利人和其他歐洲人往往會留在原地。就個人層面而言，義大利人是為了靠近父母和朋友而放棄事業的契機，以及更好的薪資。但就國家層面而言，這種安土重遷會導致失業問題更加惡化、降低整體的就業機會和收入增長。在義大利的某些地區（特別是在北部），有大量的高薪就業機會，幾乎沒有失業。而在其他地區（特別是在南部），工作機會少得可憐、低薪、失業率極高。西西里和那不勒斯（Naples）的年輕人不願北漂，其結果就是增加所在區域的失業率，此種狀況導致不景氣，也妨礙了義大利的繁榮。

雖然美國人整體來說，流動性始終比歐洲人高，但是兩者之間還有很大的差別，有些族群相比另一些人更易於遷居。一九二〇年代的「大遷移」（Great Migration）期間，兩百多萬非裔美國人離開南方，遷移到其他地區的工業重鎮，顯見學歷低的個體比其他人更可能為了尋求好一點的生活而遷徙。今天，情況恰恰相反：一個人的教育程度越高，流動性也越大。大學畢業生流動性最高，社區大學學歷的勞工流動性較低，高中畢業生更低，高中中輟生則在排行裡墊底。

從這方面來看，美國高中中輟生類似義大利大學畢業生，比較不像大學學歷的美國人。但並不是因為缺乏機會。美國是個充滿多樣性的大國，始終都能找到比他處更繁榮的城市和州郡。這些地理上的差異性可能有天壤之別。二〇〇九年，當時正值經濟大蕭條，底特律的失業率高達兩成，可是在它西邊相隔僅五百英里的愛荷華市（Iowa City），失業率只有百分之四。兩大城市裡失業勞工的經驗，簡直天差地別。百分之四的失業率如此之低，經濟學家甚至認為這幾乎等於零。這也表示，二〇〇九年任何在找工作的人，很快就能在愛荷華市找到差事，在底特律卻要好幾年才能如願。這些令人震驚的地理差異，並非只是經濟衰退期間的特殊現象。即使是在承平年代，底特律的失業率也可能兩倍於成長迅速的城市。只是，底特律的失業人士並沒有以同樣的比例棄城離開。大學畢業生蜂擁離去的同時，高中畢業生離開的速度卻緩慢許多，而高中中輟生的棄城比例根本無足輕重。

總計，幾乎有半數的大學畢業生在三十歲前會搬離他們出生的州。而只有百分之二十七的高中畢業生、百分之十七的高中中輟生會這麼做。這些流動性比例差距呈現一個事實，那就是有些人在外州上大學，但這些差距也反映出找工作時不同的傾向。美國聖母大學（University of Notre Dame）經濟學家艾碧該．沃茲尼克（Abigail Wozniak）採用數百萬份經濟普查的個人歷史數據，研究居住州裡那些三十歲左右的勞工，當他們年滿十八準備進入職場時，所面對的市場經濟條件。在經濟力強的時候，年輕勞工中有部分人很幸運進入州內的勞動市場；有些人沒那麼走運，找工作時經濟在衰退。幸不幸運無關乎學歷，但這些年輕勞工如何對其所擁有的財富做反應，取決於他們的教育程度。沃茲尼克發現，在時機不好時進入勞動市場的年輕人當中，有很大比例的大學畢業生會遷居到經濟力強勁的州，而絕大部分高中學歷和高中中輟生並不會搬遷。

這意味著，專業職缺的就業市場是全國性的，而手工業或無技能職位的就業市場通常屬於地區性，因此後者不會在意別的城市裡是否有更好的工作機會。這並非只是個美國現象，幾乎是全球富裕國家的通則。在英國，高學歷勞工的失業率在不同地區都不相上下，因為高度的流動傾向很容易平衡掉跨區域的就業機會，但是，低學歷勞工的就業率在不同地區就有極大差異。做民調時，歐洲人被問到是否「固守於他們的小鎮或村莊」時，回答「一點都不固守」或「不是非常固守」的比例，在芬蘭、丹麥和荷蘭等國家很高，因為這些國家的平均教育程度都高。但是，在平均學歷低的國家，如葡萄牙和西班牙，給出相同答案的比例就很低。

用搬遷補助券降低失業率

低學歷美國人相對欠缺流動性，造成極大的經濟成本。如前所述，全球和國家經濟上的變遷，正逐漸形成技能程度不同勞工間的貧富不均，低技能者受到的打擊最嚴重。地理流動性的差距，加上美國各大城市兩極化日益嚴重，只會讓這個問題更為惡化。因此，高技能與低技能勞工之間貧富不均的一些問題，反映出流動性的差距。假若低學歷者更有能力和意願遷居至就業機會較好的城市的話，大學學歷與高中學歷勞工間的鴻溝就會變小。

由於流動性較低，低學歷勞工同時有相當比例的人更容易失業。【圖5-1】顯示的是，過去二十年來，教育程度不同的族群在失業率的差異。所有族群裡失業率都起伏不定，這取決於全國經濟

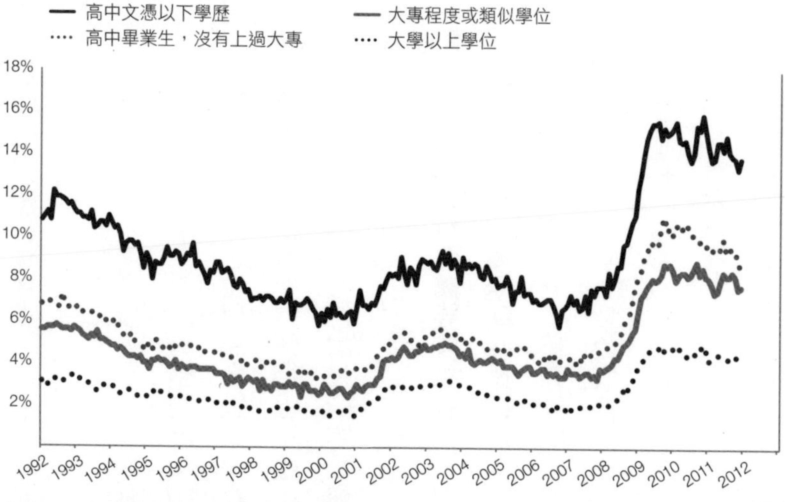

【圖5-1】教育程度不同的失業率變化

來源：參見「calculatedriskblog.com」，作者比爾・麥克布賴德（Bill McBride）。

力的強弱而定。一九九〇年代初期失業率很高，二〇〇〇年網路極盛期則來到最低點，而到了二〇〇八至二〇一〇年經濟大蕭條期間，又急遽爬升。

不過，這張曲線圖最有意思的特徵就是，不論年頭好壞，大學學歷人士——流動性最大的族群——失業率最低；高中中輟生——流動性最小的族群——不變的是失業率始終奪冠。高中學歷者和社區大學學歷者介於兩者之間。失業率的差異呈現出許多因素，在四個族群當中，搬遷意願是個重大差異。不僅低學歷者最有可能在任何非常時期丟了飯碗，他們同時也必須去應付日積月累下的後果。證據顯示，長期失業下，勞工的技能容易變糟，而這一點會更加擴大有技能者與無技能者之間的分歧。

為什麼教育程度差會導致流動性較低？某些原因是，教育程度差代表對其他地方的資訊不足，缺乏大幅改造生活的必要技能類型，還特別是缺現金。遷徙就好比投資：你要先付款，支付搬家和生活花費，直到找著工作為止，為的是日後換取一個更好的工作。然而，許多低技能失業勞工沒有能力做這項投資，因為他們存款有限、貸款條件不佳。在此情況下，流動性低不是出於選擇，而是外在限制束縛了他們，以致無法自由遷徙。而在其他案例裡，移居的傾向低還代表著兩大族群間的文化差異。就像有些義大利人一樣，有些低學歷美國人選擇不要搬走，是因為他們珍惜家人朋友更甚於好的工作機會。雖然這會造成經濟負擔，但無疑是個合理的選擇。

以上原因間的差異至關重要，因為那牽涉到一項政策改革：不再金援因無從選擇而缺乏流動性的那些勞工。一九三〇年代保險制度問世，今日和當年基本上並無二致。現今，失去工作的人只要符合失業保險，就能領取政府給的支票，補貼他原本薪水的一部分。驚人的是，這項制度並沒有提供任何誘因，鼓勵失業勞工前往更好的勞動市場找工作。若要說有什麼「貢獻」，那就是無法鼓勵勞工從高失業地區移居到低失業地區，因為它並沒有補貼生活費的差額。如果你住在弗林特靠著領失業金過活，不會有足夠動力想要搬到奧斯汀去找個新工作，因為生活花費可是要翻倍的，但是你的支票仍是依據弗林特的生活費來發放。

政府應該要調整失業保險制度，才能反映美國經濟財富與日俱增的巨大差距。失業人士凡住在上述失業率高於平均值的地區，政府應該以遷移代金券的形式，替代他們的部分失業保險金，補貼搬遷到不同地區的一些費用。換言之，與其鼓勵丟了差事的居民留在弗林特，不如協助他們遷居德州（或他們所選擇的任何去處），給予財務支援，彌補一部分搬遷花費。這麼做，可以協助那些想要遷居卻苦無現金的人。

很顯然，這個政策同時也能幫助那些不願意遷居的人。儘管沒有被廣泛認可，但理由很簡單。如果有一千名失業勞工在某個城市找工作，但當地卻只有一百個職缺，那麼每個勞工能找到工作的機率是十分之一。可是，如果這些失業勞工當中有五百人受到遷移代金券的鼓勵而移居了，那麼留下來的人找到工作的機率就會翻倍。在高失業率的氣氛中，像你一樣在找工作的人越少，能找到工作的機會就越大。這樣的結果皆大歡喜。待在高失業率勞動市場的失業勞工將有效把成本——亦即「負外部性」（negative externality）——強加在那個市場中的每一個人；而同時那些搬走的勞工則會產生「正外部性」（positive externality）。遷移代金券是處理這個問題的解決良方。藉著提高願意移居的勞工數量，代金券同時嘉惠了搬走後在他處覓得好工作的那些人，也嘉惠到那些留下、最後有更高機率擺脫失業的人。（當然，這個辦法唯有在以國家為整體考量時才能奏效，假設高失業率城市的失業勞工所創造的外部性大於低失業率的城市時——而這個假設是合理的——否則，遷移代金券只會到處轉移問題，對整體失業問題並無實質幫助。）

實際上，遷移代金券可以成為失業保險金的替代形式，做為額外補償，給目前遷離失業率高於平均值地區的人。或者，可以獨立於現行失業保險給付制度之外，以較低的福利形式，發放給那些留下的人（以例外形式發放給那些生病或有家庭束縛的人）。第一個情形是當作津貼給遷移者，第二個情形是對留下者徵稅。若有人因為沒有儲蓄及（或）無法貸款，導致無法搬遷，那麼第一種代金券的可能效果會比較大。然而，結合兩種方式也同樣可行。

這個辦法不完全是新的。美國政府早在「貿易調整協助計畫」（Trade Adjustment Assistance）裡就曾部分提供了有上限的補助；這是一項鮮為人知的聯邦補助計畫，旨在協助因外貿問題導致失業的勞工。現在是時候擴大補助，將之擴及至所有在領失業保險金的勞工了。

一九六八年，哈佛大學經濟學家約翰．凱恩（John F. Kain）曾提出一個「空間不協調」（spatial mismatch）理論。他認為，窮人和少數族裔在勞動市場中面臨結構的不利地位，因為在同一城市裡的居住地與就業地，地理上不平等。他的基本理念是，窮人往往集中在美國的城市核心，遠離許多適合的就業機會。不光是窮人要負擔較高的通勤花費，也因為他們居住在遠離就業機會的地方，所以也同時欠缺職缺的訊息，這一點又更加壓縮了他們的工作機會。凱恩主張，這種地理錯置，加上擁有汽車比例較低，又缺乏充分的公共運輸，會導致更高的失業率。社會學家威廉．威森（William Wilson）在其著作《真正的弱勢團體》（*The Truly Disadvantaged*）也採納這個空間不協調的理論，強調不協調是美國種族分歧的根本肇因之一。實際上，空間不協調理論，是將經濟上的不平等，部分歸咎於每個城市裡的住宅隔離型態。

歷史上，這類差異早已存在，如今則是遍布各大城市，更可能導致不協調。高收入、工作穩定的高學歷勞工與低收入、低學歷勞工之間的分歧，和繁榮城市與苦撐城市之間的地理差距，相依相隨。在美國不平等的爭議之中，大家往往忽視了這方面的問題。隨著美國各城市勞動市場鴻溝日益擴大，低技能勞工遷居傾向低迷，所造成的負擔將越來越沉重。

同時，高學歷美國人因為流動性高，事業發展一片光明，但這對地方政府而言，卻是一項艱難挑戰。透過資助在地大專院校，州政府給予高學歷居民豐厚的津貼，希望能促進地區的經濟繁榮。在美國，目前給予公立大專院校學生的類似補助有八成。如前所述，在某地區的整體人力資本，是促進在地繁榮的最重要因素之一。州立法機關對高學歷的支持，是希望可以就此提高勞動生產力、吸引新創事業。然而事實上，大學學歷的美國人流動性如此之高，使得各州的努力都打了折扣。

密西根大學（University of Michigan）的一群經濟學家，在約翰．布德（John Bound）率領調查下發現，當地大專院校所授予的學位數量，對該州大學學歷勞工的數量，影響平平。類似密西根州和俄亥俄州這類擁有世界級公立高等教育體系的地方，仍苦於無法留住更多它們培育的大學畢業生，因為這些學生如今更嚮往加州和紐約的機會。布德和他的共同作者們發現，平均來說擁有學士學位的大學生和畢業於州立大學的數量，以及最後留在該州的數量，關係都不大。而他們也發現，擁有碩士學位者的數量不管和什麼關係都不大；留在密西根州的博士學位者，和密西根大學畢業的博士生數量毫無關係。由於大學畢業生的高度流動性，密西根州的經濟學家得出這樣一個結論，那就是各州透過投資高等教育寄望對其勞工技能有重大提升，效果其實有限。新創中心的吸引力使它們的努力相形見絀。這一點對吸引著大學畢業生的各城市而言，不啻是大好消息——這些城市實際上接收了別人付費的免費人力資本。但是這麼一來，卻限制了深陷困境的各州，難以藉由投資高等教育，建立一個賴以存續的根本。布德的研究同時隱含了一個對教育政策的奧妙暗示。它意味著公立大專院校的經費分配，不該只交由各州處理。縱然對高等教育的投資所產生的社會福利，並不受限於州界，但是有效的教育政策，應該是聯邦政府來扮演該項投資的金主。

現在我們將問題轉移到美國流動性的另一個重要層面：流動性和房地產價格的關係。如上所述，美國各城市間的差異越來越巨大。其中一個主要原因，是大家並不一窩風搬到舊金山或波士頓，儘管有更優渥的待遇在那裡，理由是這些城市生活成本都非常高昂。居住成本究竟是如何影響大分歧呢？

貧富不均與房地產之間的驚人關聯

位於西伯利亞北部的諾里爾斯克（Norilsk），坐擁全球最大的鎳礦和白金礦。由於鎳是鋼鐵的必要成分，因此在一九三〇年代，蘇聯的都市計畫專家將開發諾里爾斯克列為當務之急。史達林委派了一群專家前往該區探勘，專家回報，即使給予高過行情的待遇，也很難吸引勞工前來。那裡的狀況簡直是地獄：氣溫極寒，有時候降到零下四十五度，還有長達五個月的冬季永夜，以及荒蕪一片的單調景觀，可謂地表最不適合人居住的荒野。理論上，這個地區有珍貴的鐵礦，足以支撐很多工作機會，但都市計畫專家無法端出高於行情的薪水來補償勞工。當然，對於像史達林這樣的人來說，這些都是枝微末節的瑣事。令人膽寒的國家警察「內務人民委員部」（NKVD），肩負起開發該城市的重責大任，將其改造成蘇聯的勞改集中營「古拉格」（GULag），約有十萬名政治犯死於建造城市和挖礦勞務。數十年來，夏季積雪融化，早已僵死的勞工骨骸隨即暴露出來。

和東歐、中國的其他共產國家沒兩樣，蘇聯這個國家有權強行遷移勞動力到任何有需求之處，導致「人造城市」如諾里爾斯克崛起——這類城市在自由社會裡不可能存在。在美國，勞工能自由選擇住處。如前所述，美國人很能充分利用這一點，四處遷徙，頻率遠高於絕大多數國家的人民。不過這種自由，暗藏玄機。不論是因為這些地方有較高的生活品質，或是因為這些地方有更優渥的工作機會，住在眾人以為更稱心如意的地方，成本往往更高。這一點不足為奇。不同於蘇維埃以五年為一期分配天然資源的計畫經濟體制，市場經濟體制是讓價格來分配資源，在此情況下，稀有資源都成了魅力十足的城市。假如某個城市氣候宜人，美國人往往會大量湧入，如此一來，他們會炒高房地產。氣候宜人可能沒有公定標價，但我們會默默買單，就好像我們願意買一部好車或一台更大的電視機。同理，放諸擁有公立學校、低犯罪率及優秀在地餐館的城市亦然。一座城市的每一項魅力特色，最後都會被資本化，起碼部分地轉化成更高貴的不動產價值。

這個簡單的觀察所得，透露著出人意表的弦外之音：那些實際上享受到這些特色的人，未必是真正受惠於這些特色的人。南加州的污染程度在過去二十年間突然驟降，特別是在洛杉磯，歸功於燃燒完全的汽油和更積極的規定。有些社區比其他地方經歷更多改善，臭氧減少率從百分之三提升到百分之三十三，依各地而有不同。你可能會以為，經歷過污染率驟降最多的社區居民是最大贏家，但其實還要取決於他們是屋主還是房客而定。研究顯示，污染程度下降越多，社區被人嚮往的程度就越高，房地產價格便隨之節節攀升。比方說，在某個低收入社區裡，臭氧密集度下降百分之二十四，可是居住成本卻會增加百分之十點八。增值嘉惠了不動產業主，他同時變得更健康、更富有，可是也讓房客更健康卻更貧窮。事實上，價格變化的作用，無異是重新分配機制，將空氣品質改善的某些優勢，從某一群人轉移到另一群人。

同理也可應用到勞動市場獲得改善、創造當地就業機會上。在美國，我們可以看到，在地勞動市場的景況與居住成本間的相互關係。【表5-1】顯示現今美國大都會地區居住成本最高和最低的地區。製表時，我採用一百萬戶人家的數據，包括房客和業主，數據來自美國勞工統計局（Bureau of Labor Statistics）的消費品價格；為了評量生活成本，必須加上居民消費的所有當地商品價格。一般美國人家如何做花費？絕大多數人的回答都不對。大家往往會過度高估了花在食品、汽車和雜貨上的金錢，也許是因為他們經常要購買這些東西。事實卻是，一般美國人只花費收入的百分之十四在飲食上、百分之十七在交通。這並不多。其他項目在家用的占比甚至更少：服飾（百分之三）、醫療（百分之六）、消遣娛樂（百分之五）、教育和通訊（百分之六）。美國人分配家用非常近似於其他國家的做法，最大的例外是義大利家庭，服裝花費支出是美國人的兩倍。而實際上最大的花費是住房，占去了四成家用。這表示，大都會地區中生活費用的最大差異，反映在住房的花費上，而住房泰半反映了土地成本的差距。其他的差異則來自在地的服務——譬如理

【表5-1】生活花費高與低的大都會地區

生活費最高的	生活費最低的
1. 聖荷西，加州	271. 揚斯敦，俄亥俄州
2. 斯坦福，康乃狄克州	272. 利馬，俄亥俄州
3. 舊金山—奧克蘭—瓦列霍，加州	273. 特雷霍特，印第安納州
4. 聖塔克魯茲，加州	274. 沙倫，賓州
5. 聖塔芭芭拉—聖塔瑪麗亞—隆波克，加州	275. 聖約瑟夫，密蘇里州
6. 文圖拉—奧克斯納德—西米谷，加州	276. 林奇堡，維吉尼亞州
7. 波士頓，麻薩諸塞州	277. 威廉斯波特，賓州
8. 檀香山，夏威夷州	278. 喬普林，密蘇里州
9. 聖羅莎—佩塔盧馬，加州	279. 布朗斯維爾—哈林根—聖貝尼托，德州
10. 薩利納斯—蒙特里—海濱市，加州	280. 德盧斯—優越港灣，明尼蘇達州／威斯康辛州
11. 紐約市—紐澤西東北	281. 約翰遜城—金斯波特—布里斯托爾，田納西州—維吉尼亞州
12. 華府，哥倫比亞特區／馬里蘭州／維吉尼亞州	282. 阿爾圖納，賓州
13. 洛杉磯—長灘，加州	283. 亞歷山德里亞，路易斯安那州
14. 聖地牙哥，加州	284. 麥卡倫—愛丁堡—法爾—傳教區，德州
15. 西雅圖—埃弗里特，華盛頓州	285. 丹維爾，維吉尼亞州
16. 特倫頓—費城，紐澤西州／賓州	286. 蓋茲登，阿拉巴馬州
17. 布里奇波特，康乃狄克州	287. 安尼斯敦，阿拉巴馬州
18. 邁阿密都會區，佛羅里達州	288. 約翰斯敦，賓州
19. 奧斯汀，德州	
20. 安克拉治，阿拉斯加州	

髮和餐飲——可是這些花費相對少，因為其占比小得多。此外，它們也反映了服務業的土地成本。舉例來說，在紐約理髮比在達拉斯貴，因為店租較貴，而且也因為要彌補高昂的生活成本，支付給髮型設計師的薪水也比較高。餐飲、醫療、法律服務及保母費的情況亦然。

這張表明確顯示出，名列前茅的通常都是勞動市場最強大的幾個城市：待遇和產能全是最好的。奪冠的是聖荷西，緊跟在後的是斯坦佛和舊金山。好多個美國的新創中心都囊括前幾名：波士頓、華府、聖地牙哥、西雅圖和奧斯汀；安克拉治是個異數。因為數據反映的是整個大都會區，紐約只名列第十一；若紐約市單獨排名的話，將會是榜首。相反的，居住成本最可堪負擔的地區，往往勞動市場最弱。敬陪末座的是賓州的約翰城（Johnstown），以前它是個製造業之都，如今生活費比聖荷西少四倍。其他墊底的都會區，包括阿拉巴馬州的安尼斯敦（Anniston）、阿拉巴馬州的蓋茲登（Gadsden），還有維吉尼亞州的丹維爾（Danville）。勞動市場的強度和生活花費間的關係並沒有決定性，但取決於眾多因素，包含生活品質（品質更好的生活，意味更高昂的住房成本，所有其他事情也相同），以及立戶成家所要負擔的一切所需之難易程度而定（越容易表示成本越低）。

這些會影響我們對勞工和城市間貧富不均的解釋方式。先來看看城市本身。當城市的勞動市場增強時，勞工的收入和居住花費都會增加。這些增加對居民有兩個互不相干的影響。第一，居住花費增加，會抵銷一部分的加薪所得。在類似約翰城的城市裡，大家的薪水都很微薄，但是因為貸款利息也比其他地方低，因此平均薪資就有較強的購買力。相反的，在紐約、華府和波士頓的勞工待遇較高，可是他們的有效薪水並不這麼高，因為薪水很大一部分都要拿去付貸款了。這一點有助於解釋為什麼約翰城並沒有人人都遷居到波士頓或紐約。實際上，美國城市平均所得的差距，在扣除生活費的抵銷後，差距小於百分之二十五。[1]

不過，事情非僅如此。就好比空污改善一樣，強而有力的勞動市場對家庭的影響，最終取決於該家庭是屬於美國七成裡的購屋族，還是屬於三成裡的租屋族。在日益增強的勞動市場裡，購屋族有兩種優勢，一是因為待遇較優，二是因為財產價值較高所致。這凸顯

---

1 作者註：假如整體人口流動性都很高，而且所有美國城市都提供相同的生活品質，各大城市間的購買力就會完全相同。可是，各個城市的生活品質迥異，而且也不是每個美國人都願意移居到薪水較高的地方去，因為大家通常喜歡住在某處而非他處，因此全美國各地的購買力和幸福指數，實際上不完全相等。用經濟學術語來講，對經濟的邊緣個體而言，幸福是平等的，但是對邊界外的人卻不是。參見恩里科・莫雷蒂（Enrico Moretti）的《在地勞動力市場》（*Local Labor Markets*）一書有詳細討論。

出一個出乎意料的結論：美國蒸蒸日上的新創中心所創造的財富，有很大一部分並非來自勞動市場，而是來自房市。這些資本收益是新創中心居民很重要的管道，可以讓他們從茁壯的當地經濟中受惠。但對於租屋族來說，收入增加的效應都被每個月房租給抵銷了，因此，最後影響他們幸福的，取決於這兩股力量哪個占上風。當薪水增加越多而房租漲得越少，他們就越幸福。就好比空氣品質的例子一樣，房地產價格的變化，將就業增長所創造出來的財富，從一群人重新分配給另一群人。我們很快就會發現，地方政府有權對地方上生活費高漲的現象做有效管理，並因此決定，到底是購屋族或租屋族可從日益茁壯的勞動市場裡獲利最多。

在地勞動市場和生活費之間的關係，同時也影響我們如何看待勞工之間的貧富不均。輿論絕大多數都將爭議焦點放在薪水和收入的驚人差距上，可是真正關鍵的，卻是大家能用所得買多少東西。經濟學家一旦用這樣的方式來看待不平等，就會發現富人與窮人間的消費差異——上從雜貨到服飾，下至電子產品到保健——並不如薪水的差異那麼大。富人和窮人間的消費鴻溝，怎麼會比收入差距小呢？

很重要的是，這個明顯的矛盾必須根據人們居住在何處來做解釋。我在近期的研究中發現，自一九八〇年以降，典型的大學畢業生在房屋上的花費，較典型高中畢業生的總額增長來得更快速。這股趨勢不光是反映出大學學歷的人擁有更大更好的房子，還大大反映出不同技能的團體群聚在何處。如上所述，過去三十年，大學學歷者的就業機會越來越集中在昂貴的大都會地區——諸如聖荷西、舊金山、波士頓、紐約和華府之類的樞紐重鎮——而高中學歷者的就業機會則越來越集中在生活費用低廉的核心地帶[2]各大城鎮。但一九八〇年時，兩個族群間在房屋的花費差距甚微，現今卻已經擴大了三倍有餘。這一點至關重要，因為它意味著大學學歷者最後花費更多在居住上，所以買其他東西和服務的錢相對較少。同樣的，大學學歷勞工遭受的通貨膨脹率比高中學歷勞工來得更高。因此，高學歷美國人和低學歷美國人生活水準的差距雖然很大，但實際上比你想像的要小得多。

中產階級化與其不滿

好比空氣品質的改良會帶來意想不到的後果，一個越來越強大的勞動市場，有時也有其黑暗的一面。房地產價格飆升會排擠窮人，大大改變社區居民的種類。最終，這些改變

2　譯註：泛指美國地理上不靠海的州分，舊稱核心地帶（heartland cities），現在多通稱為美國中西部。

會影響到城市的定位。舉例來說，想想一九七〇年代的波士頓。它的經濟力糟透了，受到老舊製造業和高失業率的拖累而陷入泥沼。可是三十年過去了，拜新創產業與金融業所賜，它已經復甦，重拾榮景。這項大變身並不只限於經濟方面，還對人口與文化影響甚鉅。其結果重新改造了該城市的社會結構、城市樣貌及生活品質。就在這些轉變多數變得更好的同時，也墊高了社會成本。許多長年定居在此的居民最後被高租金排擠，離開他們自己的鄰里。即使那些有能力留下來的人都難以保全自己，因為一些社區的特質突然改弦易轍，變得令人難以安居樂業。那些在一九九〇到二〇一〇年間搬到波士頓的人，通常都擁有大學文憑和專業工作。那些搬走的通常是學歷低、從事非專業差事。兩個族群的生活方式、價值觀及社會身分認同，天差地別。

對在地經濟發展成本的爭議，經常火藥味十足。城裡的社區激進分子如劍橋、柏克萊、華府和聖塔莫尼卡（Santa Monica），都厭惡這種經濟轉變，認為不論如何都要加以阻止，因為經濟成長最終會傷及社區。以上顯然會付出代價，但是應該要釐清誰承受了成本，以及有什麼辦法可以把成本縮減到最小。

如上所述，原本的屋主因為中產階級化而獲益。但要識別原屋主不同於仕紳是很重要的——大學學歷專業人士、新創產業發明家、企業家——也就是一個中產階級化的社區，指的是裡面的原始居民，包括不動產所有權人，有很多並不是特別富有。以我居住的舊金山教會區（Mission District）為例。這裡是舊金山受大量湧入的大學學歷高科技專業人影響最大的區域之一。由於鄰近高速公路，很多喜愛都市生活風格的矽谷上班族都落腳在此。驚人的是，因高科技勞工大量湧入，獲利最多的泰半都是拉丁美洲裔的屋主，他們把房產賣給了新來乍到的人。譬如我鄰居那樣的人，墨西哥裔的美國夫婦，原本擁有一幢漂亮的兩層樓維多利亞式房屋，定居在此數十年。他們決定賣掉房屋，獲利九十五萬美元，然後搬到郊區，在那裡買一幢大小類似的房子只要半價，剩下一半的錢足可賴以為生。

若其他居民從來沒有買過房產，又該如何是好？在許多大型都市區域裡，絕大部分的居民都是租屋族，因此受到生活成本高漲所重創。銀髮族和那些低收入戶受創更嚴重。他們最後只好讓出住家、回憶、鄰居和社交關係——簡言之，幾近於他們的一生——到別處從頭開始。我們應該要做些什麼，以避免他們突如其來被淘汰？

在許多社區裡典型的反應，是祭出嚴厲的土地使用規定，來減緩社會經濟變革。這些法規往往有兩大特色。首先，強調商用房地產，透過限制新辦公大樓的數量，來緩和中產階級化。柏克萊是最極端的一個例子，它非常努力捍衛「好的藍領階級就業機會」，已經有效阻礙了高科技產業在城裡整個西半部的擴張。舊金山東部大片地區，同時也限定給輕型製造業使用，幻想著這個產業能再度蓬勃。第二個特色集中在房地產，努力限制新建築的市價。簡單說，第一種特色企圖限制新雇主湧入這個新創產業，而第二個特色企圖限制新的居民湧入。兩者的目的都是要減少私人投資，來保存現有的經濟與文化族群。

我的觀點是，兩個訴求都被誤導，而且不可能在管理中產階級化上奏效。限制新的高科技辦公大樓數量，會減少一個城市所創造的就業機會，因為工廠不可能設立在諸如舊金山和聖塔莫尼卡這樣的都市中心內。由於乘數效應和外溢效應，這項政策最後會傷及它想幫助的每一個族群。確實，乘數效應和外溢效應最重要的教訓就是，城市裡的無技能勞工，可以從鄰居裡較有技能勞工所創造的大筆財富中獲利，因為其生計通常仰賴新創產業生生不息的成長：城內有技能居民，代表著有更多更好的就業機會給低技能勞工。嚴格的土地限制同時也傷及非居民。如上所述，新創中心位居美國境內產能最高的區域，而這個更高的產能會吸引來自全國各地的勞工。這種程度的生產力，難以在其他地方被複製，因為群聚成團、力大難擋。因此，在美國新創中心削減工作機會，很容易造成美國就業淨損失（net job loss）。而且浪費資源很可怕，只會使我們的失業率更加雪上加霜。

削減住宅區開發也行不通，無異於在城裡增加就業機會、卻又不准來自其他地方的人前去就業。更有甚者，它很有可能會加速淘汰貧窮的居民，而非減緩淘汰率。理由很簡單：在城裡定量供應新屋，只會導致房價居高不下。憑直覺就知道，倘若一個城市對住宅有大量需求，那麼減少供應量，只會抬高房價。近期的一連串研究裡，經濟學家艾華・格拉瑟（Ed Glaeser）和各方夥伴找到了清楚的證據，可以證明，採取越多住宅開發限制政策的城市，最後將造成居住成本高過薪資水準的惡果。相反的，有前瞻性、允許都市開發住宅的城市，最終房價都會下降。

要解決中產階級化的真正途徑，正是不能限制新住宅的開發計畫。與其限制新的建案，新創中心不如加以鼓勵。如果能透過聰明的擴張政策並管理得當；越多建案並不代表不加以限制、任其充斥市面。若集中在市中心地帶都更，又伴隨公共交運系統的擴建，這些循序漸進的都市開發政策，不僅可明顯緩和中產階級化所造成的負面效應，還能促進都市裡的社交機緣，培養知識外溢與創意。

西雅圖就是個出色例子。拜高科技就業機會的擴張所賜，當地經濟景氣開始回春時，它決定透過填充式都市發展計畫，增加新住宅單位，以供應給家庭成員——這種開發方式注重在藉由翻新、修復既有建築物，並開發空置建築，讓某個地區變得密集，也因此避免了雜亂無章。這麼做提高了房市供應量，讓房價持平。即使房價上漲，較之舊金山和波士頓等城市仍來得低廉，主動積極限制了新建大樓。基本上，這個做法像是重新分配的機制，嘉惠於租屋族而非購屋族。意味著因當地高科技產業所創造的財富，更大的一份是嘉惠了前者而非後者。

幸運的是，西雅圖的商業領袖們相當有遠見。不同於美國其他城市的商業領袖，西雅圖的主要零售商決定留在市中心。諾德斯特龍（Nordstrom）百貨，連同其他當年的百貨業主——最重要的是，斐得列與尼爾遜（Frederick & Nelson）——想要擺脫出走到郊區購物中心的現象。這項決定鼓舞了都會計畫單位，進而擁戴了以零售業為根基的市中心方案，在美國城市中無疑是個非比尋常的一舉。倘若諾德斯特龍也跑掉了，那麼今日市容將會大大改觀。在市中心內部和周邊同時發生的高科技就業機會增長，以及城裡可散步的鄰里間高密度住宅規劃，確保中產階級不致從市中心一哄而散，最後還能維持低犯罪率、活力充沛的文化活動和新餐館。隨著新居民雲集到市中心，公立學校有了長足的改善，測驗分數進步，而且不僅是那些父母學歷好的兒童，就連父母學歷低、從事非高科技工作的孩子亦如此。

最後，從城市的角度來看，中產階級化是個「好」麻煩，因為它象徵經濟繁榮、工作機會增長。數十個垂死待斃的城市都會擁抱這樣一個麻煩。與此同時，中產階級化也嚴重影響社會。解決之道不是要消弭當地新創產業帶來的就業機會，妄想製造業的工作會施展魔法起死回生。解決之道是要以聰明的方法管理經濟成長的進程，把影響最弱勢居民的負面後果最小化，而將所有人的經濟獲利最大化。

第六章◆貧窮陷阱與迷人的城市

我們生活在正快速分裂的國家裡。繁榮的產業往往聚集在某些城市，而其他城市付之闕如。這些城市創造了優秀的工作機會、提供優渥的薪水；與此同時，其他城市則落後一大截，漸行漸遠。人們可從衰退的城市搬到興盛的地方去，但如上所述，這並非萬全之計。因此，問題是要如何協助被錯誤的就業機會與技能困住的社區。我們真能幫助如弗林特、莫比爾和維塞利亞這類城市，開創自我維生的地方生態系統、在社區裡創造優異的就業機會嗎？

這個問題很有挑戰性，答案之一就是去看現存的新創群聚是如何產生的，並且觀察那個過程是否能在他處成功複製。對於這一點，生技產業史特別能給我們一些啟發。一九七三年春，生物學家赫伯特・博耶（Herbert Boyer）和斯坦利・科恩（Stanley Cohen）發明了重組「去氧核醣核酸」——亦即俗稱ＤＮＡ——的技術，從此改變了生命科學的研究。幾乎迅雷不及掩耳，十幾個民間生技實驗室在全美各地如雨後春筍般冒了出來——休斯頓、長島、辛辛那提、蒙哥馬利（Montgomery）、劍橋、費城、紐澤西北部、邁阿密、帕羅奧圖（Palo Alto）、愛莫利維爾、洛杉磯，還有拉霍亞（La Jolla）。

今天，民間生技公司的最大集中區在波士頓—劍橋大都會區、舊金山灣區及聖地牙哥。它們在這個產業的就業占有率還在持續增加中。坐落於灣區群聚裡的「三石創投」

（Third Rock Ventures），其合夥人生技創投資本家查爾斯・霍姆西（Charles Homcy）博士說：「尋找偉大的科學和頂尖的科學家，以及下一個新創平台從事藥物革命，幾乎少有地方能辦得到。這裡是其中一處。」但是在一九七三年，還看不出來這項產業要何去何從、聚集到哪裡。如今名單上前幾名的城市，當時根本看不出來會勝出。

三大城市當中，聖地牙哥是個寧靜的社區，主要吸引的是退休海軍水手們、漁夫和觀光客，看起來是最不可能成為生技群聚的地點。史丹佛大學社會學家沃爾特・包威爾（Walter Powell）曾描述，在一九八〇年代這個產業的草創時期，「在拉霍亞的托瑞松街（Torrey Pines Road）上，如今是聖地牙哥『生技海灘』的中心，當時廣為人知的卻是它的高爾夫球場和美麗絕倫的海灘，而非實驗室。」甚至，劍橋得分也不高。劍橋的肯德爾廣場（Kendall Square）現在充斥著太空時代的生物科技實驗室，但是在一九八五年前，當地的紡織廠早已千瘡百孔。劍橋的自由主義學術機構一開始對生技產業滿懷敵意，主要是反對基因工程。生技先驅「渤健公司」（Biogen）費盡千辛萬苦才克服這個阻礙。在改造群聚的這段歷史裡，包威爾注意到，「大眾譁然反對『科學怪人的工廠』，導致渤健的創辦人在瑞士創業，以迴避劍橋的紛爭，而且諾貝爾獎得主、共同創辦人沃特・吉爾伯特（Walter Gilbert）還必須從哈佛大學申請休假。」

所以說，為什麼生技產業會落腳在這些地點呢？一般常識咸認為，這三個地點都擁有首屈一指的大學：劍橋有哈佛與麻省理工學院，灣區有史丹佛、柏克萊和加州大學舊金山分校，聖地牙哥有加州大學聖地牙哥分校。就表面上來看，這個答案合情合理，學術研究對生技公司至關重要，因為它們重視基礎科學。因此，我們會認為，在生技業的地點選擇上，靠近學術機構扮演著重要角色。

然而，假若我們更深入一點去看，就會明瞭事情並非全然如此；那只是事後諸葛的典型看法。在美國，有一千七百座四年制大專院校，以及六百六十二所大學。每個大都會區平均有五座大專院校和兩所大學。生技群聚很難不在實體上靠近某一所大學。即使我們在美國地圖上任意指定高科技群聚，它們很可能也只落在距離某所大學數步之遙的地方。

那麼，問題不僅是靠近某所頂尖大學，還得靠近某個頂尖大學裡的頂尖生物系所嗎？這也非答案。一九七〇年代當生技萌芽時，起碼有二十所擁有世界級生物系所或研究型醫院的傑出大學，存在於各色的城鎮裡，例如紐哈芬（New Haven）、紐約、費城、巴爾的摩、亞特蘭大、芝加哥、麥迪遜、丹佛、克里夫蘭、休斯頓、帕莎蒂娜、安娜堡及洛杉磯。這些城鎮都是頗具吸引力的地點，可是卻沒有全數發展出重大的群聚。

一日群星結盟

一九九八年，社會學家琳恩・祖克（Lynne G. Zucker）和經濟學家邁克爾・達比（Michael Darby）想出了一個出人意表的理論。在一篇現今已成經典之作的有趣文章和一系列後續研究裡，他們主張，真正能解釋生技公司設置地點與昌盛的理由是，當地擁有學術明星——曾發表過特定基因排序論文數量最多的研究專家。在頂尖的大學當中，有些學術機構恰巧就有明星級師資，專精於對生技產業非常重要的生物學次領域；而其餘的雖有可媲美的研究地位，卻沒有那個在特定次領域裡的明星人物。前一群團體會在地方上開創民間生技公司群聚，而後者則無。數據顯示，學術明星的磁吸效應很是驚人。根據祖克和達比估計，明星學者比鄰近創投公司或政府補助效應，來得更重要。明星人物不僅可以解釋何處與何時生技新創公司會出現在地圖上，還能影響哪些新創公司可存續興旺，而哪些會陷入掙扎後銷聲匿跡。

祖克和達比指出，高科技業之所以能功成名就，特別是在成長期間，全要靠少數幾位眼光獨具又掌握突破性技術的卓越科學家。我們確實難以低估這些非凡個人對城市和地區經濟發展的影響。挾著全球至今總額高達三千五百億美元的投資，差不多有四百種專利生技藥物，以及目前正在進行臨床測試的一百種實驗化合物，生技產業可以創造數千份優渥的工作，並且對社區帶來可觀的榮景。

明星人物之所以能擁有這般勢力，理由有兩個。第一，在民間新創產業裡的科學家和研究人員，必須實際上靠近學術研究的前線，以便保持其前衛狀態。出席例行學術研討會，參與非正規的討論，聽取他人做研究的進展，對塑造與發展新理念非常重要。民間研究企業的員工只有在他們的實驗室真正靠近那些頂尖學術研究專家時，才能從知識外溢中獲得好處。第二個理由是，明星人物通常會參與頂尖民間產業的創業。祖克和達比發現，典型的模式是，學術企業家在其占有領導地位的基因排序領域裡，協助創辦公司，但本身仍然在大學擔任教師。

這件事的寓意就是，劍橋、聖地牙哥和灣區很走運。當生物科技在一九七〇年代中期萌芽之際，這些地方適巧眾星雲集。不然，雀屏中選的也可能是一百八十七座大學城裡的任何一個，或至少是擁有頂尖生物學系的二十個城市的其中一個。不過，之後發生的事情就不是隨機選擇了。群聚的自我增強本質代表著，一旦群聚開始現形，就會持續吸引公司行號和勞工。第一批前來的人馬受惠於這種「鎖定效果」（lock-in effect）。而且早期的優勢經過一段時日會再擴大。經濟發展的本質具有吸引力，這股吸引力確保了即便到今天，劍橋、聖地牙哥和灣區的這項產業仍會持續集聚。雖然假以時日，隨著產業成熟，明星人物對創辦新創企業的影響力會逐漸褪色，但他們對地方經濟的影響卻是長長久久的。

生技業和好萊塢的共通點

生物科技並非孤例，雖然它足以代表眾多新創群聚現象是如何展開的。綜觀歷史，新創活動的中心，會在意想不到的地方集聚。不妨想想另一個相當重要的產業，它的成功與否也取決於明星人物：電影。二十世紀初，電影業是炙手可熱的新玩意兒，與劇院競爭，力爭上游想成為體面的娛樂媒介，卻面臨技術和管理上的可怕難題，與所有新創企業的遭遇雷同，從影片拍攝、剪輯到製作和發行，樣樣都要從零著手。

一九一三年，就在一次大戰爆發前一年，電影業多數集中在紐約，那裡有主要的片場和大明星們，還有些較小的邊緣分部設置在芝加哥、費城、傑克遜維爾（Jacksonville）、聖塔芭芭拉及洛杉磯。到了一九一九年，大戰結束後一年，有八成的美國電影都在加州製作。卓別林（Charlie Chaplin）和無數的明星們早已西遷，洛杉磯擁有的電影公司是紐約的三倍之多。好萊塢的黃金歲月於焉來臨。到了一九二〇年代中葉，洛杉磯更進一步取得了全球電影業首屈一指的地位，「好萊塢」這個名詞，不再只是專指市中心西邊一處靜謐的社區而已，它儼然是整個電影製造業的通稱。這個史無前例的藝術成就與商業成功的輝煌紀元，在一九四〇年如日中天，當時好萊塢的片場一年製作四百部電影，每個禮拜有九百萬美國人會去看電影。在此之前，洛杉磯的經濟、社會與文化早已永遠被改變了。電影變成了一門大生意，製造了數萬份的在地工作機會，而城市的繁榮富庶也泰半要歸功於它。

洛杉磯從一個省級邊陲小城，前不著村後不著店，搖身變為藝術創作的大本營，令人嘆為觀止。我們見到其活力四射的發展軌跡，也發生在更現代時期的新創群聚現象裡。隨著演員、片場和專業服務供應商（舞台技術人員、音樂家、勘景星探、服裝設計師等等）越來越多集聚在好萊塢，集聚力量越來越強勁，進而加速發展。這種集聚的現象造就了洛杉磯之所以為洛杉磯，也使得其他地點越來越難分一杯羹。這情形與今日的矽谷和西雅圖吸引最傑出聰明的中國和印度工程師完全一樣。當時，好萊塢吸引了才華洋溢的移民，絕大多數是歐洲人，其中很多是猶太裔人士：偉大的導演如恩斯特・劉別謙（Ernst Lubitsch）、希區考克（Alfred Hitchcock）、弗里茨・朗（Fritz Lang）、麥可・寇蒂斯（Michael Curtiz），還有偉大的演員范倫鐵諾（Rudolph Valentino）、瑪琳・黛德麗（Marlene Dietrich）、羅納・考爾門（Ronald Colman）。

毫無疑問的，經濟力促使了洛杉磯的快速崛起，但啟動的種子卻不是經濟力。為什麼是洛杉磯？最常見的說法，始終都是電影業必須有舒適的氣候；寒冷的紐約冬季會導致拍攝外景技術困難重重。可是，雖然氣候舉足輕重，卻始終都不是決定性因素。這個說法不過又是個事後諸葛的合理化猜想。洛杉磯並非美國唯一擁有好天氣的城市。柏林、倫敦、巴黎和莫斯科——沒有半個有溫和的冬季——也都保有電影首都的地位。

二〇〇六年，加州大學洛杉磯分校（UCLA）的地理學家阿倫．斯科特（Allen Scott）提出一個比較合理的解釋。他指出，洛杉磯的崛起取決於一九一五年，當時商業與文化兩股力量結合在一起，改造了這座城市。好萊塢的躍升和一顆真正的明星有關，他就是走在時代尖端的導演格里菲斯（D. W. Griffith）。他發明了無數的新技術，為往後數十年電影製造找到定位，包括特寫鏡頭、倒敘及淡出，影響非常大，被卓別林稱之為「我們所有人的老師」。而好萊塢的關鍵時刻出現在一九一五年，當年格里菲斯拍攝了影史首部大預算鉅片《一個國家的誕生》（The Birth of a Nation）。耗資八萬五千美元——五倍於任何一部之前的電影——《一個國家的誕生》賣座賺進一千八百萬，遠遠超過默片時代的任何一部片子。就是這部片子將電影穩穩地拱上了主流，使得那些認為電影不如劇場的中產階級觀眾對電影產生興趣。發展過程裡，種下了洛杉磯未來功成名就的種子。該片問世後三年，洛杉磯已經擁有兩倍於紐約的影業從業人員，而且在往後二十年裡，這個差距每年都在擴大。集聚的過程已然展開，沒有可能逆轉。

若以後見之明來看，產業的地點似是非它莫屬。今天，我們會當下就把洛杉磯和電影、金融和紐約、矽谷和電腦、西雅圖和軟體及羅利—德罕和醫藥研究聯想在一起。但過去大家並不如此看待這些產業將會落腳在自己城裡的。一九一〇年，洛杉磯幾乎沒有線索可循，能預見它即將成為世界的電影首都。一九六〇年代時，羅利—德罕地區也無跡象顯示，它會成為生物醫學研究首都。一九七〇年代時，西雅圖看似最不可能成為全球軟體發展的重鎮。劍橋、聖地牙哥和舊金山，只不過是在對的時間恰巧擁有研究項目明確的明星人物。相反的，傳統製造業之所以設置在何處，比較容易解釋，因為往往可以追蹤到實體的因素，如靠近碼頭或天然資源。十九到二十世紀時，芝加哥、底特律、托雷多、水牛城和克里夫蘭之所以飛速茁壯成製造業群聚，其原因和笨重原料得以經由低廉的水路運輸有關。

高科技群聚的發展史，代表著我們一方面很清楚在群聚成形後會有什麼後果，一方面卻往往無法預測它們。更難的是，我們無法創造它們。即使矽谷，按理說是美國最重要的群聚，但它根本不是按計畫而生的。軍事研究免不了追究起源，可是矽谷的群聚毫無起源可談；不像軍事首長們可以坐下來決定要在這個地區設立一個新創中心。一九四〇年，舊金山南邊的半島還是塊安靜的農耕地帶，盛產水果。物理學家威廉・蕭克利（William Shockley）是來到果園的人之一，他是高科技傳奇先驅、電晶體的發明人，而電晶體正是觸發當地新創產業突飛猛進的種子。當蕭克利的一些徒子徒孫們追隨其後，在「仙童快捷半導體公司」（Fairchild Semiconductor）製造出第一個連結在一起的迴路時，這顆種子顯然已經發芽了：群聚的過程已然開啟。那個偶然發現的幼苗，成了經濟奇蹟的起點，最後將數百萬個工作機會帶進了這個地帶。

蕭克利和史丹佛大學有關係，這是真的——矽谷絕大多數歷史學家都認為，這個事實可以證明矽谷的誕生受惠於該大學——當時史丹佛大學只不過是美國眾多大學中的一所，甚至不是最傑出的。當然，史丹佛扮演了要角，可是影響力並不如大家所想的那麼大。一所研究型的大學是必要因素，但仍不足以孕育出矽谷的太空時代。倘若蕭克利曾決定要將地點設置在比方說羅德島州普羅維登斯，當地在當時比帕羅奧圖擁有更先進的產業基礎，那麼今天的矽谷就有可能群聚在羅德島州，而我們將會讀到十多本探討當地布朗大學如何催生了這個群聚現象的書。

打從一個城市有人開始居住時，有遠見的人就一直努力想將其建設得很繁榮。烏托邦式的社區始終給人無限遐想，據說它們能經由規劃與強大的價值，療癒社會的疑難雜症。很多個案裡的這類社區都無以為繼。一九二八年，亨利・福特（Henry Ford）想找一塊原始處女地，從無到有打造出一座名為「福特城」（Fordlandia）的社區。他的願景是，運用福特汽車公司的工程理性效率，在巴西雨林正當中建造一座建築，栽種福特汽車廠生產輪胎所需的橡膠樹。結果，烏托邦很難工程化，福特的實驗對居民和投資人都是一場浩劫。當年他大張旗鼓開幕，短短十七年後就慘賠認輸。

美國到處可見陷於苦苦掙扎的社區，它們現在都想努力改造自己來吸引好的就業機會。政府該如何協助這樣的力爭上流城市？自從麥可・波特（Michael Porter）在一九九〇年代初期，廣為宣揚這個動聽的概念，城市和各州就一直竭盡心力地透過各式各樣的公共政策措施，來建設群聚，經濟學家稱之為「因地制宜政策」（place-based policies）。它們其實是一種社會救濟形式，只不過對象是城市，而非個人。各州和聯邦政府在這些政策上，每年耗資六百億，比正常年度裡的失業補助金還多。不過，這類措施背後的經濟原理卻鮮少受到討論，甚至經常沒有被好好理解。

這些政策奏效嗎？要回答這個問題，我們必須仔細檢視其基礎理念，並精確評估它們的經濟原理。我們將會發現，就和福特從零開始建造一座城市所遭遇的難題一樣，地方政府會面臨到重新為地區經濟做定位的難題。在制訂健全政策時，最關鍵的第一步就是要了解政府的干預何時合理、何時不合理。

貧窮卻迷倒眾生

一帆風順的城市，其經濟是立足在勞力供需兩相平衡的基礎上：新創公司（勞力需求）想要前往那裡，是因為它們知道可以找到所需技能的勞工，而有技能勞工（勞力供應）會想去那裡，是因為他們知道可以找到如意的工作。陷於困境的城市，經濟狀況恰恰相反。即使房價賤如糞土，有技能的勞工也不會想要去到那裡，因為他們知道那裡沒有工作機會；新創公司也不想去那裡，因為它們知道那裡沒有具技能的勞工。要是其中有一群人願意先踏出第一步就好了，可是沒有人願意身先士卒，簡直進退維谷。

大致上來說，垂死的都市地帶想要起死回生有兩種做法。其一，我稱之為「需求面著手」（demand side approach），就是設法吸引雇主，寄望勞工會追隨在後。這個做法通常涉及提供誘因和減稅，讓地方對企業具有吸引力。其二，我稱之為「供應面訴求」（supply side approach），也就是設法吸引勞工，寄望雇主會跟隨在後。這個方法涉及要改善城市的在地設施，引誘才華洋溢的勞工。其實，第一種策略攸關買通企業，第二種則是收買人心。

十年前，藉由基礎建設讓城市起死回生，一時間蔚為風潮。社會經濟學家理查・佛洛里達（Richard Florida）幾部影響深遠的著作，都大力宣揚這樣一個概念，那就是所謂的「創造力團體」（creative class）對生活品質格外敏感，而地方經濟成長取決於把一個城市變得讓市民覺得饒富趣味又令人激動。他寫道：「西雅圖是吉米・罕醉克斯（Jimi Hendrix）和之後的『超脫合唱團』（Nirvana）、『珍珠果醬樂團』（Pearl Jam），以及微軟和亞馬遜的家園。」「奧斯汀是威利・尼爾森（Willie Nelson）和「虛幻的第六街」（Sixth Street）音樂大道所在地，那時戴爾電腦創辦人麥可・戴爾（Michael Dell）還沒進入現今聲名遠播的德州大學兄弟會。」為了繁榮，城市必須擁有文化和自由的態度──簡言之，就是必須很酷。佛洛里達的處方成了廣受歡迎的補救方法，許多公僕長官和當地決策人士採納這個想法，相信公共開發資源應該主要集中於改善城市設施，來吸引「創造力」。數百萬經費砸下去，花在全美各地的社區上，從匹茲堡（Pittsburgh）到底特律、克里夫蘭到莫比爾。二〇〇三年，密西根州發起一項雄心勃勃的運動，光鮮亮麗的網站上謂之為「酷城」，努力重新塑造之前的工業城鎮如弗林特和底特律，定位成迷人又適合創造力團體居住的所在。「福特基金會」（Ford Foundation）捐了一億要贊助藝術空間，「激勵周遭區域的經濟發展」。藝術家卡麗・雅各布斯（Karrie Jacobs）在《大都會》（Metropolis）雜誌上寫道：「藝術已經成為經濟發展的預設工具。」佛洛里達主張，社區經濟成功的一個良好預報，就是它對同志社群開誠布公，這使她的聲名更進一步高漲。

毫無疑問，能在新創產業打造穩固經濟根基的城市，當然生氣蓬勃、趣味盎然，而且在文化上心胸開闊。然而，辨別因果卻是很重要的。成功的新創群聚發展史顯示，在很多個例子裡，城市變得饒富吸引力，是因為它們成功打造了一個穩固的經濟基礎，反之卻不然。比方說，今天大家造訪西雅圖，會發現它在文化上活力充沛，有很棒的餐廳和寬容的態度。大家很可能會因此下了這麼一個結論，認為新創產業之所以立足西雅圖，是因為各種有創造力的類型都想要落腳在這裡。可是，如前所述，事實卻恰恰相反。不論與罕醉克斯的關聯性有多密切，一九八〇年的西雅圖並不特別有魅力。它硬邦邦又沉悶，成千上萬的居民揮袖離去。它變成高學歷專業人士活力四射的大都會樂園，是在吸引所有高科技就業機會之後的事。

克里夫蘭有迷人的文化設施，包括一流的管弦樂團和藝術博物館，還有整潔漂亮的鬧區，可是它始終無法建立一個新的經濟根基。美國竄升最快速的新創中心奧斯汀，雖然相當宜人，卻遠不如聖塔芭芭拉可愛；然而，聖塔芭芭拉即使氣候理想、環境優美、氣氛又休閒，地方經濟卻昏昏欲睡，難以吸引高科技就業機會。美國星羅棋布各種魅力城鎮——邁阿密、聖塔菲（Santa Fe）、紐奧良——都提供了充足的文化與包容性，卻無法在新創產業裡製造出優渥的工作。義大利提供很棒的生活情調，卻是已開發國家中新創產業最少的一個。義大利的問題不在於創造力人才的供應——聰明、有雄心、大學學歷青年並不短缺——缺的是對創意人才的需求。數百萬的義大利青年失業或大材小用，多半是因為經濟制度失敗，難以吸引能振聾發聵的新創產業。

當然也有例外。紐約是最厲害的一個。紐約的優渥專業工作機會始終堅若磐石，但是三十年來，這個城市的表現不佳，因為犯罪率高、生活品質低，而且公共建設不足。它想要提振經濟的話，得改善生活品質，讓眾多有技能的專業人士願意回到它懷抱才行。

今天全球最酷的城市之一就是柏林。自柏林圍牆倒下，三十年間，柏林儼然成為一塊大磁鐵，全歐洲創造力十足的人都慕名而來。每年有數以千計高學歷的義大利、西班牙和法國青年男女搬到這裡，著迷於它的世界級文化景觀、數不清的藝廊和令人讚嘆的公共藝術展覽、無可比擬的文化修養和另類音樂創作、凌晨一點才開張的前衛舞廳、負擔得起的美食餐廳，以及越來越多樣化的民族風飲食。大家一致公認，柏林的進步態度、堅韌不拔卻有趣的建築，以及不堪回首的歷史，激發出一種實驗精神，有人認為這讓人聯想起一九八〇年代的紐約。柏林同時也有歐洲房價最合理的市場；政府的津貼、高品質的托育、傑出的學校及出色的公共基礎建設，包括巨大的玻璃與鋼鐵所架構而成的中央鐵路車站，和一座嶄新的機場。奇怪的是，這個城市卻也受惠於它的歷史，變成了一個分裂的城市：兩個動物園、三個主要的歌劇院、七個交響樂團及無數個博物館，都是四十年冷戰下的遺產。走在美麗的歷史城區裡，你揮不走這樣一個印象，那就是這股創造力和高品質生活的卓越混合體，幾乎很難被超越。或許並不奇怪，自兩德統一以來，已有超過一百萬人搬到柏林，其中很多都擁有高技能。

這幅景象只有一個問題：那裡幾乎沒有任何工作機會。過去十年間，柏林的失業率高居德國之冠——幾乎是全國平均值的兩倍——而且人均所得的成長是全國倒數第二。縱然是全國最有趣也最有創造力之都，柏林一直都難以吸引穩固的經濟根基。其改革派市長公開挺同志，大力宣傳柏林的波希米亞特色，將城市定位為「貧窮卻迷倒眾生」而聲名大噪。

哈佛畢業的美國經濟學家麥可．布爾達（Michael Burda）在柏林歷史最悠久、最具威望的洪堡大學（Humboldt University）任教。自一九九三年兩德統一的四年後搬遷至此，布爾達一直在觀察當地的經濟情況。柏林有數千家露天小咖啡座，我們坐在其中一處，小口品酒，讚嘆這座城市的美麗，河水緩緩流淌，街道生氣蓬勃，布爾達肯定統計學的數據說：「觀光業是工作機會的主要來源之一。」有些大型的德國企業總部立足在柏林——大概因為這裡是首都——還有一些就業機會是在時尚界和媒體界。近年來，網路新創已經出現了群聚現象，但規模太小，不足以改造一個將近四百萬人口的地區。大體上，全球新創企業在此地發展有限，收入遠低於德國其餘地區，而且自圍牆倒塌後，傑出的私人產業工作機會始終牛步化。現實的狀況就是，柏林之所以能夠生存下來，是因為歷史造就了它，成為一大塊觀光磁鐵，而且也因為它接收了全德其他地區送來的錢財，以直接投資的名義，挹注在新的設施與公共領域的就業機會。比較富裕的省分，諸如巴伐利亞（Bavaria）和巴登—符騰堡邦（Baden-Württemberg），數十年來對人們在柏林就業都會給予補助。這一點迥異於美國的華府；華府在過去二十年來，已經從公立學術機構的基礎上，深耕出能自給自足的民間企業高科技群聚。

很難想像還有哪個地方比德國更適合進行這個測驗：新創中心可以光靠聚集極富創造力的團體而生。佛洛里達的理論認為，當增加設施給創造力團體，就可以帶來勞工供應量增長，這麼一來將會挹注城市的經濟力。然而，柏林歷經二十年的死寂之後，高學歷創造力的供應量遠遠超出了需求量。研究顯示，有三成的社會科學家和四成的藝術家都失業。德國擁有一個興盛的高科技產業，以及一個繁榮先進的製造業，可是那些產業卻僅僅只有一個小小部門坐落在柏林。唯有時間可以說明這個城市是否有朝一日能搖身一變成為下一個矽谷，只是如今還是一無所成。

迷人不足以支撐地方經濟。最終，城市需要吸引就業機會。這並不是說生活品質不重要。總部在舊金山的「Yelp」，其工程部副總經理尼爾．庫馬爾（Neil Kumar）曾告訴《今日美國》（USA Today）：「我們的地點幫助我們吸引一群聰明、有文化素養又富有多樣性的勞工。」他並補充，在競爭激烈的工程師市場裡，城市本身就是僱用員工的關鍵工具。「我們得以吸引有創造力又有技術天賦的人，是因為我們坐落在這個城市裡。」社交遊戲巨擘星佳的首席人事官柯琳．麥克里瑞（Colleen McCreary）如是說。星佳的總部也在舊金山，那不是第一大因素，但是當你要建構全貌時，理所當然就會考慮進來。競爭對手紛紛坐落在矽谷比較魅力不足的地點，只好祭出免費交通車服務——當地人稱「谷歌巴士」（GoogleBuses）——載送舊金山居民去上班。谷歌、蘋果、雅虎和「基因泰克公司」（Genentech）都有配備Wi-Fi的專屬生質柴油巴士，載送員工前往位於半島南部的公司總部。乘坐專車到辦公室期間，員工可以工作、瀏覽網頁、啜飲免費的低脂卡布奇諾。寵物和單車也都可以上車同行。

良好的生活品質，確實有助於城市吸引人才，獲得經濟上的成長，然而就它本身，是不可能推動一個垂死掙扎的社區變成新創群聚的。如果對柏林行不通，那麼就更不可能在弗林特行得通。

大學能否推動成長

每座城市都想擁有自己的麻省理工學院。都市規劃師、市政府官員及地方上的政客們，都在不斷謀畫著重建令人矚目的新創中心，在舉世最著名的工程學院周遭欣欣向榮。他們心裡想著的，是類似麻省理工學院教授蔣業明（Yet-Ming Chiang）和達爾莫什・沙阿（Dharmesh Shah）之輩的發明家。蔣業明是材料科學教授，五十三歲。除了授課和撰寫「磷酸鐵鋰電池電極的超電勢相關相位轉化途徑」之類標題引人入勝的學術論文，他還是「連續創業家」（Serial entrepreneur）。其學術研究成果，催生了四家高科技公司。最傑出的一家就是「A123系統公司」，清潔科技的全球領導者之一；還有「春葉療法（Springleaf Therapeutics, Inc.）[1]，專門設計穿戴式藥物輸送系統。A123系統公司經常被媒體介紹，因為它採用奈米技術製造效能更高的電動車用電池。蔣業明直接在當地創造了數千份就業機會——單單A123系統公司就僱用了一千七百名員工——並透過乘數效應，間接創造了數千份工作。不僅聰明過人，他很擅長充分利用波士頓—劍橋這個新創中心的競爭優勢。「我在麻省理工學院找合作夥伴，他們是非我專業領域的專家，以及頂尖的企業家們在做生意這方面一起努力。」二〇一一年被評選為波士頓傑出發明家之一時，他這樣告訴新聞界：「之後我們和創投團體交流，並且僱用最棒的商業與技術人才。我把生態系統的優點發揮到最大極限。」沙阿在學校宿舍創辦「HubSpot」[2]時還是個學生。這家公司專門提供小企業做線上行銷的平台，如今在劍橋市中心裡僱用了兩百名員工。

可是，大學真的能扭轉社區的經濟力嗎？大學在地方上所扮演的角色一言難盡。如前所述，大學學歷勞工是振興城市經濟的關鍵因素。但是大學畢業生卻是一群流動性極高的團體，他們未必會待在他們上學的城市，除非就業市場吸引力夠強大。紐約大多數的大學畢業生都不是哥倫比亞大學、紐約大學或紐約城市大學的，而是在其他城市或州就學的。

1 譯註：網路上的資料顯示Springleaf Therapeutics, Inc.在二〇一三年已經宣告破產。
2 譯註：《獨角獸與牠的產地：矽谷新創公司歷險記》（時報出版）書裡諷刺的就是這家公司全都是庸才。

我的研究顯示，一個城市裡擁有一所大學，可以透過教育吸引一些外地生，增加大學畢業生的供應量，同時也可以讓這些人的產能更精進，促進對大學畢業生的需求量。[3]需求效應來自於三種途徑。首先，有些企業是因學術研究成果而直接成立的，譬如蔣業明的那些公司。近期的研究顯示，一九八〇年通過的「拜杜法案」（Bayh-Dole Act），鼓勵大學充分將新創發明商業化，結果造成大學附近的社區就業機會飆升。自一九八〇年以來，麻省理工學院已經產出了三千六百七十三項專利，由麻省理工學院畢業生和教職員所創辦的企業，每年營收兩兆美元。史丹佛和柏克萊情況也不遑多讓。谷歌創辦人佩吉和布林還在就讀史丹佛工程學系時，就為一項研究計畫開發出日後成為谷歌神話級搜索引擎的基礎技術。起初，谷歌甚至在史丹佛大學的網站底下運作，用的網域名稱是「google.stanford.edu」。它的第一位員工是佩吉和布林的同學，感謝那次的大好運氣，人家如今已是百萬巨富了。

大學所創造的第二個重要的優勢是，學術研究會帶動前述的知識外溢效應，而這個現象會進一步促進當地的新創產業。經濟學家亞當・傑飛（Adam Jaffe）所做的研究發現，這類知識外溢效應特別和藥物、醫療科技、電子產品、光學及核子科技等領域息息相關。有些知識外溢可在任何地方繁衍成企業，有很大的部分卻只能局限於特定區域。

第三個優勢是經由大學醫學院和其相關醫院而來。因為醫院的開放時間是全年無休，提供世上勞力最密集、技能也最密集的產品，創造出數以百千計的高收入在地工作。保健泰半都是在地性服務，是追隨在地繁榮而生，而非振興當地。不過，醫院有時會變成區域或國家層級的供應者。梅奧診所醫學中心所在地，明尼蘇達州的羅徹斯特，還有匹茲堡和休士頓，都吸引了全球及全美各地的病患前來。這些醫院正在有效地製造一種可貿易服務，可以輸出到當地經濟體以外的地方——就像微軟和蘋果——因此擁有它們就是地方財富一個很重要的驅動力。

總之，我的研究顯示，有了一所大學通常就有一群高學歷勞動力和較高的在地薪水。

3 作者註：想要建立大學效應很難。據推測，大學出現在需要有個大學的城市裡，因此大學本身就是有技能的人所造成的效應，而非肇因。為了探究因果顛倒的可能性，我使用了「贈地大學」（land-grant colleges）的數據，那是在一八六二年時，美國國會推出的第一個由聯邦計畫支持的高等教育法案。當時總共成立了七十三所贈地大學，每個州至少有一所。我比對了十九世紀因贈地大學法案而成立大學的城市，和那些沒有大學的城市。由於不是聯邦政府的作為，而且也不是取決於地方上的狀況而設立的，有無贈地大學的城市，在接受贈地大學之前差別不大，可是今天兩者的差別卻非常明顯。大都會區有一所贈地大學，可以增加百分之二十五的大學畢業生，薪資也顯著較高。

與此同時，市長和地方決策者應該要明白的是，大學——即使是一所相當傑出的——也無法保障經濟上的成功。多數的大城市都有大學，但只有少數大都會區擁有大規模的新創產業。和西雅圖的華盛頓大學相比，聖路易州的華盛頓大學是更好的學術機構，可是聖路易州卻沒有什麼高科技工作機會。事實是，過去的五十年來，它的人口一直在流失，而西雅圖卻是當今全球最具活力的新創中心。亞利桑那州立大學和佛羅里達大學都是美國規模最大的高等教育學府，可是鳳凰城（Phoenix）和佛羅里達大學所在地蓋恩斯維爾（Gainesville）卻在新創中心名單中敬陪末座。康乃爾大學和耶魯大學在全球學術地位中名列前茅，可是除了有雇主出自這些大學，綺色佳（Ithaca）和紐哈芬幾乎沒有世界級的高科技群聚。

因此，鄰近一所研究型大學是重要的，但其本身不足以造就一個永續的新創企業群聚。這是個重要的差別，許多對研究中心投注資源不足的地方政府卻視而不見——上從拉斯維加斯到底特律，下至義大利和中國。在塑造地方上的經濟力時，大學是最有效的，只要它們成為更龐大的新創活動生態系的一部分，這個生態系統包含了豐厚的市場，能提供專業勞動力和特殊的中介服務。一旦群聚成形，大專院校就能發揮所長，培養及茁壯，通常會成為這個生態系統的一個關鍵角色。支持它，使它成功。

貧困陷阱與大力推動的經濟學

我們已經看到，增加城裡有技能勞工以促進地方經濟成長，這樣的政策有什麼希望和陷阱。替代方法是藉由吸引雇主，來增加對勞工的需求量。這個做法通常等於提供有目標的鼓勵措施，讓新創公司搬到垂死的社區，寄望著能夠造就出一個群聚現象，長期下來可以自給自足。一旦某個成功的產業群聚成形，假以時日就很容易茁壯，它的勞動市場和專業服務就會變得更加深厚，同時其知識外溢也會日益壯大。當然，難處在於借力使力開創群聚。

二〇〇五年，王旭平（Ping Wang）遭遇相同的問題。他曾出任聖路易州華盛頓大學經濟系主任，短短數月就明瞭該系遇到麻煩。華大提供了一個優秀大學生課程，排名緊跟在長春藤盟校之後，吸引了全美各地的聰明學子。但是不同於它的長春藤競爭對手，華大的經濟學系從未有過特出之處。當王旭平接掌主任一職時，該系已蟬聯數年學術排名墊底的窘境。它就是欠缺多位積極潛心研究的教授。

大學，能從強而有力的經濟系獲益良多。經濟學通常都是廣受歡迎的主修科目，因為它可以提供光明的事業前景。不像其他學術領域，經濟學對學術界以外的人也很重要，而經濟學家的研究經常被新聞報紙和電視引用。學術型的經濟學家薪水遠高於物理學家或生物學家，經濟學家對大學而言是物美價廉的，因為他們不需要昂貴的實驗室或精密的科學儀器。

王旭平想改造一個陷於沉痾的三流經濟學系，成為一部頂尖的研究發電機，他很快就知道，學者不就像高科技業嗎？在周遭圍繞著能彼此交流理念的聰明同僚時，是最有生產力也最具創新力的。若是放任其孤伶伶，他們往往就會停滯不動。因此，已經生氣蓬勃的科系，久而久之就會越變越強，因為高產能的研究學者會受到其他高產能研究學者的吸引；反之，低產能的科系往往因為同樣的理由而越來越衰弱。沒有傑出的學者想要第一個走進衰弱的科系去。不光是攸關聲望，還攸關實際的論文生產率。

研究開發中國家的經濟學家，把這種現象稱為貧窮陷阱（poverty trap）。王旭平明白，要從這樣的陷阱裡有所突破，唯一之道就是，他需要一個「大力推動」策略。他所做的事史無前例。他從別的大學裡延攬了兩位學術明星，給了對方很難拒絕的條件：大約年薪六十萬。孤注一擲值回票價。兩位明星辭掉聲望較高的大學工作，搬到聖路易州。系裡既然有了兩位明星，其他的經濟學家開始覺得這個地方很吸引人，也接受了王旭平的聘請，即便薪資普普通通。隨著越來越多優秀的經濟學家進駐這裡，這個科系就越來越有魅力。華大躍進了排行榜。王旭平逃出了貧窮陷阱。可惜，二〇〇八年金融危機使華大的捐款大幅縮減，這個正向反饋迴路斷掉了，人事費用入不敷出。

基本上，陷入貧窮陷阱的城市會面臨同樣的難題。它會受困於它的過去。要把城市從壞的平衡導向好的平衡，唯一的辦法就是「大力推動」：用一個整合型的政策，打破僵局，同時把有技能勞工、員工和專業服務帶到一處新地點。只有政府能夠啟動這些大力推動的政策，因為唯有政府能夠整理個別的產業部門──勞工和雇主──促使集聚的過程順利。這個概念是要提供公共津貼補助那些願意第一批搬走的人，然後待過程能夠自給自足時就停止發放津貼，做法類似華大願意多付薪水給第一批的兩位受僱學者，但不多付錢給後繼之人。大力推動政策的收益可能很大，因為原則上，搖搖欲墜的社區得以起死回生。

不過，這些政策的追蹤紀錄卻是混雜在一起的。為了成功，這一推必須力道真的夠大，而且還必須果決且持續。再者，最重要的是，津貼要撒給對的受惠者。一如上述華盛頓大學的故事，成本太高，則成功如曇花一現。

美國史上第一次也是最重大的一次大力推動，是「田納西河谷管理局」（Tennessee Valley Authority，簡稱TVA），這是在大蕭條時期中創立，目的是幫助嚴重貧窮區脫貧。根據小羅斯福總統的想法──從不輕易輕描淡寫──這個計畫意欲使地方上的經濟力現代化，其辦法是透過「觸動並賦予人類關心事宜的所有形式生命力」。在執行上，這意味著要大規模投資進行基礎建設，特別是水利發電廠，它的電力要激發該地區，促進地方上的產能，還有建設新道路的廣大網絡、長達六百五十英里的航行運河、學校、防洪系統。基金的一小部分要投入防範瘧疾、重新造林、教育計畫，還有衛生所。這個計畫的規模非常龐大、空前絕後，遠遠超過所有一切。在一九三三到一九五八年之間，美國納稅人繳納的三百億都挹注在這個區域。一九五〇年，時值計畫的巔峰，聯邦政府給予這個地區的津貼是每年每戶六百二十五美元。一九五八年後，聯邦政府開始減縮投資規模，而田納西河谷管理局儼然已能夠自給自足。

這個經濟開發計畫是根據直覺概念，認為公款能夠助推啟動陷入貧窮陷阱的地方經濟。可是不論左派或右派的批評家們，都嚴厲抨擊這類倡議，要不是指責大政府（big government）過分干預，就是認為這是由上而下在控制地方團體。先進的都市思想家珍·雅各，在一九八四年刊登於《紐約書評》（New York Review of Books）月刊一篇極具影響力的文章中，嚴厲批評大力推動的政策，包含田納西河谷管理局計畫在內；她主張那是培養地方經濟一種不合乎自然規律的做法，並做出一個結論：「實際上，做得令人失望。」

我們該如何嚴格評價這類因地制宜的政策？真正的考驗並非它們是否在力推過程中創

造了工作機會。事實是，挹注進來的錢財暫時提振了地區上的經濟活絡，但幾乎沒有跡象顯示這筆錢用所當用。與其如此，我們不如檢視公款種子最後是否帶動了私人贊助的群聚現象，其規模大到能夠自給自足。這個概念是，政府提供投資，帶動地方上的經濟，度過了臨界點，就停手在那個點上，讓集聚的力道接收過去，看看在補助結束後是否能持續吸引商業活動和勞工。

針對田納西河谷管理局計畫，我的同僚帕特．克萊恩（Pat Kline）曾和我進行了一項縝密的研究，我們發現，這項計畫在激發地區性產業革命上是成功的，大幅振興農村站起來。在一九三三到一九五八年間的大力推動時期裡，當地製造業的工作機會成長得比全國其他地區快，因為當時企業深受廉價電力和便捷的運輸所吸引。在聯邦補助用罄之後，製造業工作機會持續成長得很快。甚至在二〇〇〇年時，時值聯邦轉移方案結束後四十年，當地的製造業工作機會仍成長得比南方各地要快，雖然這個效應現今已減緩下來，而且可能很快就要消失了。雖然這個計畫將當地從低產能產業（農業）改造成高產能產業（製造業）方面很成功，但是它在提高當地薪水方面並無明顯成效。理由很簡單：工作機會越來越多，於是有越來越多的勞工從南方各地遷居而來，來利用已然改善的經濟狀況。這麼一來就有效增加了勞動的供應量，抵銷了成長的需求量。

類似田納西河谷管理局計畫這類政策的基本難題，在於地方上的決策者必須能夠挑選有前途的企業加以投資。它們必須要有類似創投資本家的作為。從這個角度來看，小羅斯福總統太輕鬆以對。由於製造業是增加工作機會的驅動器，而繁榮取決於基礎建設和廉價的能源，那麼如何開發昭然若揭。田納西河谷的產業開發層級太低，以致有沒有設置鋁熔爐、鋼鐵廠或化工廠，都影響不大。可是今天，對於地方社區而言，成功與否的最重要決定因素是人力資本，這使得要一舉中的更加困難。郡政府是否應該砸重金吸引新的奈米實驗室，或是該不該去爭取亞馬遜最新近的電腦農場？太陽能板研發設施或生物科技實驗室？即使是專業的創投資本家都難以預料哪個產業和公司在未來會成功。對於身陷苦海的自治城市市長們，這項難題簡直無法克服。

確實，綜觀地圖上美國主要的新創群聚，很難找出一個範例是因大力推動政策所催生的。地方上的政客並沒有登高一呼就創造了矽谷。同時我們也看到了西雅圖、波士頓、聖地牙哥和洛杉磯等個案，原創的母公司之所以功成名就，通常都是因為把種子深植於高科技群聚當中。

對於較小規模、更專業的群聚來說，情況亦然，它們大概是苦不堪言的社區更真實的努力目標。想想俄勒岡州的波特蘭、愛達荷州的波夕及密蘇里州的堪薩斯城，這三個個別以半導體、一般的高科技和動物保健與營養學為根基，發展出來的小型高科技中心。雖然小，但這些都是活力充沛的重鎮。波特蘭和波夕出產的專利品，人均比和波士頓一樣多。這裡面沒有一個中心是規劃出來的。一九七六年英特爾的半導體廠開幕，啟動了波特蘭的高科技產業。波夕的種子是在一九七三年時種下的，當時惠普電腦將印表機部門搬遷至此。堪薩斯城的生命科學研發遠在一九五〇年代便已展開，當年愛溫・高夫曼（Ewing Marion Kauffman）創立了他的製藥實驗室。最近美國著名智庫「布魯金斯學會」（Brookings Institution）的研究指出，這三個城市的高科技產業，幾乎沒有一個是出自地方政府主動招商的。

世界的其他地區也已經看到一些成功案例。愛爾蘭採取了一個深思熟慮的大力推動政策，打造出前所未有的人力資本密集產業。藉由大幅減稅優惠和其他誘因，創造了重大的高科技與金融群聚，雖然愛爾蘭最近遭逢金融危機，令人質疑這類政策的持續性。舉世當中最進取的以色列高科技群聚，高度仰賴國家的軍事奧援。雖然以色列政府沒有出手開創地區性的高科技產業，但是它對新創的國防科技與專業人力有需求，間接助長了私人產業，最終成就了全球的競爭力。

說不定，最清楚的大力推動成功個案是臺灣，在一九六〇到一九七〇年代間，藉由政府大規模贊助研究政策，臺灣將農村經濟轉形成生氣蓬勃的先進新創產業。這項計畫成功將留美華裔科學家帶回臺灣，建立了一個公家支持的研發群聚，最後因為足夠深耕厚實，得以維持成為私人企業。這是少數例子當中，決策者變成出色的創投資本家。雖然曾經孤注一擲在許多功敗垂成的科技項目上，但它們同時也在非常早期就押寶在半導體上。半導體很快就成為臺灣高科技產業的核心，也是繁榮的推進器之一。更近期的是，臺灣高科技群聚始終都在擁抱更新的科技，包括生命科學在內。不過臺灣或許只是證明這項規則可行的一個例外。

產業策略、綠色產業工作及挑選優勝者的難題

加州費利蒙（Fremont）的經歷，正足以說明大力推動產業政策的好處與潛在危險。當傳統製造業開始褪去光環，有些社區開始尋求新創推動的太陽能、風力發電、電動車及效能更高的電池等綠色產業工作。若說到延續經濟力，沒有一個地方比費利蒙這個城市更鮮明的；這個社區是混合型收入，力爭上游想改造自己成為綠色產業的研發中心。

直到最近，費利蒙的經濟推進器都是汽車業。全城最大的老闆是「新聯合汽車製造公

司」（New United Motor Manufacturing Inc.，簡稱NUMMI），它是一家汽車大廠，生產兩種豐田的招牌車款——卡羅拉（Corolla）房車和塔科馬（Tacoma）小貨卡。行駛在費利蒙大道時，你會路過好多龐大的工廠、倉庫、充斥著貨櫃車的鐵路站場，還有專供卡車加油的柴油加油站。當地餐館窗戶髒兮兮、湯匙油膩膩，泛黃的招牌寫著一份培根蛋早餐三塊美元。費利蒙的產業景觀很傳統，美國到處都有無數個這樣的社區。如果不是偶見幾株棕櫚樹，你可能以為自己身在底特律。

過去二十年間，製造業工作流失，費利蒙的經濟前景開始越來越堪慮。新聯合車廠停業後，五千份就業機會不見了，絕大多數居民早有準備過苦日子。可是和底特律不同的是，費利蒙始終有能力吸引一些清潔科技的企業，這些公司有些就設立在舊的製造廠裡。事實上，舊的新聯合車廠如今進駐了特斯拉汽車公司（Tesla Motors），它最廣為人知的車款就是「Roadster」雙座敞篷車——第一部以車系方式生產，能行駛在高速公路的電動車。有段時間，未來並非全無指望。「在費利蒙隨手丟個飛盤，很難不砸到另一家太陽能公司。」太陽能公司索拉利亞（Solaria）的執行長丹．舒加（Dan Shugar）在二〇一〇年這樣告訴媒體。當時，費利蒙的經濟開發總監羅利．泰勒（Lori Taylor）樂觀以對，認為清潔科技公司最終會成為該城新的成長引擎。

然而在二〇一一年時，這個城市遭逢了一次嚴重的挫敗，它的最大業主之一太陽能廠「Solyndra」聲請破產。「Solyndra」被視為是啟發產業政策的活招牌，但是竟變成了一樁痛苦的警世傳說。二〇〇九年，美國能源部給這家工廠一筆約莫五億三千五百萬的擔保貸款，「Solyndra」用這筆錢在費利蒙開辦了主要生產設備，僱用超過一千名勞工製造太陽能板。繼之而來的是高調的剪綵典禮，加上歐巴馬總統蒞臨參觀，他信心滿滿地將「Solyndra」捧為「更光明更繁榮的未來」。無數的新聞報導吹噓著美國「先進製造業的前景」。可是「Solyndra」的生意模式建構在一個有嚴重瑕疵的前提上。它完全仰賴新型太陽能模組（solar array）的競爭性，據說這種模組比基板矽晶（Silicon Based）發電便宜很多。由於矽很昂貴，「Solyndra」的科技令人相當振奮。但儘管如此，聰明的分析師也應該知道，矽的價格不可能永遠居高不下，因為高價必然會創造出強烈的誘因，讓其他生產者也進入市場、擴張供應量，最後就會把價格拉下來。到了二〇〇九年，聯邦政府核准了這筆擔保貸款，矽的價格卻驟然大跌（另一個挫敗是中國政府決定高額補貼基板矽晶太陽能板來壟斷市場）。最後價格大跌，導致「Solyndra」走上破產之路。

「Solyndra」一敗塗地之際，媒體群情激動，主要都把焦點放在這筆擔保貸款的背後，是否牽涉到政治獻金，而忽視了兩大最重要的教訓。第一，縱有一過也不必譴責整個計畫，美國和歐洲對產業公款的補助，過去業績並不太好。簡言之，即使是最光明、最立意良好的企業，還未成為贏家之前要先辨別它會不會勝出，對於決策者實在太困難。過去十年，清潔科技看似瀕臨遭推翻的邊緣，雖然還在成長，但就業增長一直都不搶眼。自二〇〇三年開始，這個產業的就業增長，但比經濟體其餘的工作機會少。即使很明顯某一種產業會促進未來的增長，但要從那些企業裡挑出有望勝出的公司，仍困難重重。在「Solyndra」的例子裡，能源部相信「Solyndra」的業務前景值得公款投資，就算它的業務前景很快就變糟了。

第二個最重要的教訓是，不論何時，我們挹注公款支持民營企業時，都必須要問，那個決策是否有一個安全無虞的經濟理由。初期給予美國太陽能公司的金援，被視為在美國培養企業群聚的一個方法，期待最終會吸引越來越多在這個產業的就業機會。其實，這個概念是在整個再生能源產業裡的大力推動。如果一個產業的特性是集聚，需要一大筆創立投資，那麼國際上的競爭就會變得贏家通吃的競賽，而先走出第一步的國家或地區會囊括市場的一切，政府在初期的補貼，會有助於讓這個產業在美國站穩腳跟。一旦全國的各個企業瓜分市場占有率，補貼就可以停掉了。不過，如我的同事鮑仁斯坦（Severin Borenstein）所說的，德國和西班牙兩國都已經打算要在這個領域採取它們自己的大力推動政策。它們投資龐大的金額生產和安裝太陽能板，可是隨著政府補助消失，業界也看到它們的占有率衰退了。這一點意味著，太陽能板的生產與安裝，並沒有強大的集聚力量——倘若有的話，這個產業就會集中在德國和西班牙——因此，人力推動在這個案例裡，沒有經濟上的充分理由。

我家南面的屋頂整個鋪滿了太陽能模組。午間時分日正當中，就會看到指針逆時針方向轉動，那是我的太陽能板將電力賣回輸電網路。能對減少石化燃料的需求做出貢獻，令人開心，尤其在正午時分，加州時值用電高峰。我的太陽能板有十年歷史了，而且是美國製造的。但新一代的太陽能板越來越多是他國生產的。很多美國企業把總部和研究實驗室留在美國，可是到別國去製造太陽能板，譬如菲律賓和中國。聽起來很像是iPhone的故事。沒錯，就是這樣。

從環境角度來看，太陽能板的產業全球化是大好消息，因為可以讓太陽能更有競爭力，抗衡石化燃料。今天，買太陽能板只消十年前費用的一半，部分原因是因為它們是越南生產的。而從就業角度來看，真正的問題是，哪一種大力推動政策對今日的美國行得通。當政府介入產業政策時，它該做的主要是糾正市場失靈的某些錯誤。以綠色科技為例，意味著政府得投資與新創階段有關的外部性，而不是挹注在生產階段。我們很快就會看到，政府為了穩定經濟，應該補貼基礎研究與研發綠色科技，因為這類研究會帶動巨大的知識外溢。而根據德國和西班牙的經驗，補貼實體太陽能板的生產，似乎一點都沒有正當理由。

那麼，留在費利蒙的一切都還在嗎？城裡對清潔科技的業主依舊充滿吸引力，也一直給予清潔科技企業免稅優惠。雖然「Solyndra」倒閉是個大挫折，但密集研發的清潔科技公司仍為地方帶來成長。近幾年新的生物科技和高科技廠也紛紛冒出頭來。如今費利蒙有二十五家清潔科技廠，二〇〇六年時才只有六家。它們有些還部分仰賴聯邦政府的津貼，有些則完全以民間創投資本做營運。費利蒙的策略是否能夠長期持續，現在還言之過早。但是眼前，最起碼工作機會多了，比起弗林特和底特律，城市前途看起來比較光明。

買通企業僱用勞工

田納西河谷管理局計畫的規模，在今日簡直難以想像。不過小規模的大力推動卻相當常見，用的是無數聯邦和各州的津貼，藉以吸引投資挹注垂死的社區。幾乎每一次有公司宣布計畫在美國某處成立新總部、實驗室或大規模生產基地，大家就開始喊價競標。各州雄心勃勃競相爭取，祭出越來越大的誘惑，譬如課稅減免、補貼貸款、地方上的基礎建設、出口協助和融資、人力訓練，還有區域營銷。

這些津貼有的相當驚人。松下電器（Panasonic，也稱為國際電器）最近取得一億多美元（等於每個工作機會十二萬五千美元），要將北美的總部遷往紐華克（Newark），而瑞典企業伊萊克斯（Electrolux）因新設機構在田納西州的曼非斯（Memphis），獲得一億八千萬美元（每個工作機會十五萬美元）賦稅減免。賓士汽車（Mercedes）收到兩億五千萬美元（每個工作機會十六萬五千美元）的鼓勵套裝計畫，獎勵它到阿拉巴馬州的萬斯（Vance）設廠。每年州政府花費在發展地方經濟上的金額，總計近四百億美元，已大大超過聯邦政府在三十年來累計發放給田納西河谷計畫的公款。這些津貼是民主黨與共和黨少數意見一致的一個議題。雖然各黨為了政府干預而雄辯滔滔，看似意見相左，但是藍和紅的州都竭盡全力要收買企業到它們的勢力範圍來。第十四任能源部長瑞克・裴利（Rick Perry）端出兩億的「能源科技基金」給德州企業，類似加州、紐約和麻州的新措施。讓「Solyndra」受惠良多的聯邦貸款擔保，始創於小布希（George W. Bush）總統任內，二○○九年歐巴馬總統加以擴大。

政客及其補助的企業，通常會頌揚這些交易的好處，批評家抱怨它們簡直浪費公帑。

每份工作機會痛砸十五萬美元，真的是協助曼非斯居民的上上之策嗎？如果直接發支票給那些居民不好嗎？我和兩位同事做了一次研究，看看地方社區端出津貼競相吸引大業主是否奏效。企業在思索去哪裡設立大型工廠時，通常會尋找十多處可能的地點，再縮小範圍到約莫十個，然後從中選出兩、三個決賽名單。研究中我們比較了進入企業決選名單的各郡，以及那些名落孫山的各郡。比方說，一九九〇年代BMW決定要在美國設立新廠時，最後篩選出兩個決選名單：南卡羅萊納州（South Carolina）的格林維爾（Greenville）─斯巴達堡（Spartanburg）區，以及內布拉斯加州的奧馬哈（Omaha）。BMW選中了格林維爾，部分原因是受到價值一億一千五百萬鼓勵套裝的誘惑。在這個案例和其他例子裡，落敗者都是那些入圍很久卻差之毫釐的郡。因此它們可以讓我們了解勝出者會如何發展。

我們的資料顯示，歷經數年參與這麼一場競標大賽，贏家和輸家在就業、薪資和產能方面的條件不相上下。可是後來，贏家的產能急遽高漲。這些增加的產能反映出知識外溢，增加在舊有工廠的比例尤其大，它們和新廠享有類似的勞動力和科技共同資源。我們的結論是，讓舊有工廠產能增加，新廠就能產出一種很中意的優勢——正向經濟外部性——使郡內其餘機構分享。這種更高的產能會創造更多就業機會和更優渥的工資。因此，給予津貼可視為將外部性內部化的一種方法。

雖然這套理論很明確易懂，但實際上這些政策並非一直都能如願起到作用。給予津貼應該要和社會福利的規模相稱。不過，當十多個不相上下的郡，孤注一擲想吸引外部前來投資，它們的競標往往變得過度慷慨，超過了給予社區的社會福利。市長和州長們有很強的動機，不計代價地想要引進新公司到城裡來。等到如願以償，地方新聞頭版頭條就會大肆報導，未來有數百個在地就業機會，絕口不提政府提供印刷精美的融資計畫。要是競標失利，地方上的政客們就會遭到嚴厲抨擊，說是沒為在地經濟好好出力。凡此種種，都會導致地方政府打腫臉充胖子。在這類案例中，唯一的贏家就是備受引誘的企業老闆，因為州政府和地方政府最後都會卡死在帳單上。再者，即使這些補助在經濟上對某個特定的郡起了作用，也不表示在全國永遠行得通，因為自治城市間搶奪一家企業，對國家而言，最後會以零和賽局告終。

讓鄰居強大

因地制宜政策曾經有過一例，成功協助垂死社區創造就業機會，並提高薪資，那就是「培力特區」（Empowerment Zones）計畫。這個計畫始創於一九九三年，在柯林頓執政第一次任期內，他提供了一套就業賦稅補助與改造基金給「拮据的」市區。該計畫沒有瞄準整個區域，反而是把注意力投注在亞特蘭大、巴爾的摩、芝加哥、底特律、紐約市、費城、洛杉磯和克里夫蘭等地的一些社區上。聯邦補助金旨在振興經濟與社會投資。它們補助這些貧窮社區裡的居民或勞工就業與訓練計畫，也補助商業援助、基礎建設的投資及鄰里開發。收到培力特區基金最顯而易見的一個例子就是，紐約市哈林區的第一二五大道附近，當地從一個問題叢生、犯罪猖獗的鄰里，變成紐約市最充滿生氣的一處。

二〇一〇年，由帕特．克萊恩（Pat Kline）領導的三位經濟學家小組，對該計畫做了一次深度評估。他們拿培力特區的社區，和由地方政府舉薦同樣貧窮卻從未領取金援的地區做比較。他們的發現著實振奮人心。計畫的頭五年裡，培力特區的社區裡，工作機會大增，較之其他鄰里多了百分之十五。居民所賺得的鐘點工資同時也有相當可觀的增長，大約多了百分之八。

這個計畫為什麼行得通，而其他因地制宜政策卻一敗塗地？振興鄰里的過程，就有如產業群聚一樣，會產生許多經濟外部性。舉例來說，被查封的房子變成生意興隆的零售店，會把更多生意機會惠予附近店家，增加來客數，還能降低整條街上的遊民和犯罪率。改善門面的買賣，嘉惠的不僅是自己的大樓，還包括周遭的所有房子。拮据的社區裡有一份新的工作機會，代表不會只有一份工作給一個人；它會創造很多社會福利，其形式是減少公家援助，並且降低犯罪。處理這些外部性，就是地方經濟發展的成功祕訣。特定的行動會嘉惠整個社區，不過個人不會自己使用掉這些福利，因為雖然社會收益很大，但民間收益是有限的。

以培力特區為例，政府能夠帶頭做這些行動。雖然在政治上的宣傳，說的是該計畫在轉換財經資源給需要的市民，但培力特區計畫之所以成功，是因為它解決了共同的行動難題。第二個原因是，不同於鎖定特定企業或產業的產業政策，決策者不扮演創投資本家的角色：公款基金被轉成能夠讓社區獲利的各種投資。第三，也是很重要的是，公款津貼並非只是贈與，而是給可觀的民間投資做為催化劑。據估計，對於支出的每一塊公款基金，民間企業要投資一塊半到兩塊，因此能創造出良性的增長循環。這才是因地制宜政策可以成功的一個真正標誌，因為它意味著當公款停掉時，該地區還能持續創造就業機會。這種鼓勵有針對性，也設想周到。不同於州政府給製造業機構的典型津貼——最終都把投資從一個郡轉移到另一個去——在這個計畫補助中，針對的是高失業率地區的居民，因此創造的絕大多數就業機會，並沒有以其他地區創造的就業機會為代價。

那麼遷居又如何？這項計畫並不會導致原始居民被淘汰，因為當地的房租沒有明顯受到影響（哈林區是個大特例）。這點可能是因為該計畫針對的對象，是原居住市民或已經在當地工作的人。

總之，這項計畫對政府而言是椿好的投資。它刺激了年薪增長，每年大約九億之多。假設增長的絕大部分工作，都給了原本失業的勞工，那麼納稅義務人的稅金就有百分之十五的年回報率。同時，該計畫以增加就業機會、提高地方上的收入，還有將經濟振興相關的必然外部性加以內部化，進而幫助了美國一些最窮社區的市民。

改革一直都是痛苦的。經濟改革尤其苦不堪言。大家投注了時間與精力在工作、事業和社區上。因為周遭的經濟情況有所變遷，而要求他們改革，有點太過分，但往往就是沒有其他可行之道。

人們經常對政府會有不切實際的期望。地方政府復興掙扎社區的能力，比多數選民所知道的更少，而多數市長也都不願承認。擺在眼前的事實就是，一個城市的經濟命運，很大程度上絕非歷史因素所能決定。受制於以往的決策，還有集聚的強大力道，都帶給沒有高學歷勞動力和新創產業的社區嚴峻挑戰。地方政府當然可以設立一筆基金當作經濟發展，為復興城市創造一切必要條件，包括有助於創造就業機會的友善商業氣候，然而，世上沒有魔法可以振興經濟。就像政治一樣，所有的創新都是地方性的：每個社區都有其本身相對的優勢。地方政府必須在其現有的能力基礎上，利用它的優點和專業技能。使用公款基金創造工作機會，必須保留給那些市場嚴重失靈的地方，以及有可靠機會打造自給自足群聚現象的社區。雖然，地方上的決策者最終應該明瞭，只要涉及地方發展，就沒有白吃的午餐。

第七章◆嶄新的「人力資本世紀」

以往，好工作和高收入都出現在製造商品的大規模生產領域。工廠是創造經濟價值的所在。可是今天，那種人人能製造的商品，幾乎沒有什麼價值可言。好工作和薪水越來越多來自於新概念、新知識及新的科技。這種轉變在未來仍將持續，說不定還會加速進行。未來十年，全球會競相吸引新創人力資本和新創公司。決定人力資本所在位置的地理重要性與集聚力量會持續增長。國家樞紐重鎮的數量與力量，將決定它是昌盛或衰竭。實體工廠無疑會持續喪失重要性，但是擁有高比例相互連結、高學歷勞工的持勝，會成為鍛造理念與知識的新工廠。

美國準備好了嗎？是，也不是。美國的經濟力在很多方面都很強。它的勞動市場仍是全球效率最高、最靈活也最注重智力成就的。比起其他國家，美國給予個人努力和承擔風險的回報最大。這是一個吸引頂尖人才的重要優勢，融資給了許多擁有好點子也願意勤奮工作的新創企業家。如上所述，這就讓創造地方活動的能力有了天壤之別。最重要的是，由於坐擁眾多欣欣向榮的樞紐重鎮，美國已站在有利的位置，能繼續創造新創活動。

同時，我們的經濟力也有一些嚴重的缺點。這些缺點或許不足為奇，因為就某程度而言，它們是我們國家性格的寫照。我們這樣一個社會，很願意犧牲未來成就現在的。我們的文化尊崇當下滿足和快速的成果，迴避長遠的承擔。我們做決策時泰半精力和注意力都集中於短期的議題，譬如如何在下半年裡刺激經濟、如何處理本週就業數字。短期的議題或許有迫切性，但它們的重要性相對於長期議題則相形見絀，因為後者才會真正深刻長遠影響我們的生活水準。複合增長率的魅力，在於即使微不足道的增長率差異，都足以對未來的工作和收入有巨大影響。因此，能夠提高增長率的政策，縱使很微小，都比短期的經濟修正來得更為重要。我們的性格要求立即回饋，而我們卻幾乎在結構上無能去為長期問題負責，這一點將導致對未來投資不足。如果放任不理，這個趨勢很可能帶來災難。我們的下一代無疑會更強烈地感受到這些影響，而變成社會中最不幸的一輩。

特別是過去三十年來，已經浮現的兩大結構性缺點，嚴重局限了美國的經濟潛能，對國家造成危急的社會失衡。人力資本和研究，是維繫美國經濟力與勞動力的推進器。如上所述，有些美國城市兩者都付之闕如。但這問題的嚴重性還不僅如此。美國整體對人力資本與研究的投資都不足。最後演變成我們的薪水沒有像過去那般增長，而貧富不均的現象卻越來越嚴重。

第六章裡，我們審視了因地制宜政策在創造公平競爭的環境上所扮演的角色。而最後一章中，我們要來看看美國做為一個民族，該如何重拾曾讓它成為二十世紀經濟霸主的強大國力。這些改革對於未來的社會至關重要，因為它們會影響我們能否在未來十年裡茁壯。

研究帶來的社會回報

美國的經濟問題，第一個就是公共與民間對研究的投資不足。這並不是說，與其他國家相比，美國的大學和企業投資太少，而是相較於各種對社會最優先的項目上，它們的投資太少。其肇因於對知識的嚴重市場失靈。如第四章所述，現有的重大知識外溢，意味著新概念的創造者並未透過他們的付出而得到充分的回報，因為研究而來的有些福利不可避免地積累到他處。這一點不光是美國的問題，只是較其他國家，對美國而言更重要，因為我們的新創產業將主宰未來的成長。

傳統上，學術界會提供基礎科學，而民間產業據以打造出新的商業方式。這也是聯邦政府透過補貼「國家科學基金會」（National Science Foundation）和「國家衛生院」（National Institutes of Health，簡稱ＮＩＨ）之類的學術機構，鼓勵學術研究的一大原因。問題是，這類補助始終無法跟上與日俱增的知識價值。全球化和科技變遷已讓創造商業新知識上的收益越來越多。這表示，基礎科學裡新發現的潛在經濟價值也在與日俱增。假如對某項投資的收益增加了，那麼理性上的反應就是加碼投資。可是聯邦政府致力於支持基礎研究的資源，事實上已大幅減少。如我們在太陽能的案例中已經看到，聯邦與各州政府毫不吝嗇資助令人堪慮的工廠與生產設施，相形之下，給基礎科學的資源卻少得可憐。

知識外溢不只會從學術界流向民間企業。最重要的知識外溢，是在民間企業間發生的。投資在研究上的新創公司，只會獲取努力所得的部分好處。看看這個例子，一家開發電動車用高效節能電池的工廠。專利權會保障這家工廠收取新科技的獲利。可是一旦提出專利申請，這個行業裡的其他工廠都能目睹這項發明的重大成就，而這項知識很可能會激發新的點子，創造出相關科技或產品。

任何新產品的開發都會產出類似的外溢。試想，比方iPad的問世。由於它是個完全新興的產物，沒有人真正知道它的市場潛力。蘋果電腦冒著相當可觀的風險，因為它投資了可觀的資源在開發iPad。確實，二〇一〇年元月，在舊金山一場受邀參加的活動中，賈伯斯在精挑細選過的記者及包含高爾（Al Gore）在內的意見領袖面前，展示這個新工具，當時，許多產業分析家大表懷疑，批評iPad不過是個昂貴的裝置，只會淪為小眾產品。甚至還有人嘲弄它是個體積過大的iPhone，卻沒有電話功能，並且預言它會乏人問津。然而，產品上市後，毋庸置疑的，iPad造成全球的大轟動，而且一眾競爭對手立刻著手開發自己的版本。基本上，那些競爭對手從蘋果冒險所產出的資訊大蒙其利。

實際上，諸如此類種種知識外溢的重大程度都十分驚人。在堪稱至今最精密的研究當中，史丹佛大學的尼古拉斯・布魯姆和英國倫敦政經學院的約翰・范・賴南兩位經濟學家，針對一九八一至二〇〇一年間數千家工廠做了追蹤調查，發現知識外溢規模之大。一家工廠的研發投資提振的不僅是那間工廠的股票價格，同時也刺激同一個產業其他工廠的股票飆漲。知識外溢有一部分是全球蒙利的。比方說，一九九〇年代美國企業對研發的投資增加，導致類似產業的英國工廠產能明顯提高，因為絕大部分的知識外溢都積累在美國擁有業務的公司。可是有一部分知識外溢很明顯是局限在地方上的，因為它發生在地理位置相近的企業之間。因此，美國公司會產出的新知識外溢，嘉惠其他美國公司。

大體上，民間投資在新創產業上，投資的公司會獲得私人回報，同時也會將社會的回報帶給其他企業。問題是，市場提供在新創產業上的投資，低於社會的預期，因為做這類投資的人無法完全收到回報。要糾正這種市場失靈的唯一解決之道，就是政府挺身介入，補償那些做研發投資而創造出外部性福利的對象。這也是美國政府及大多數工業化國家的政府，給予研發稅收減免優惠的主要理由。要知道，這和公平無關，純粹是和經濟效率有關。政府不會因為出於道德義務去補助發明家，補貼新創是因為它乃是美國經濟的利益核心。

問題是，民間與社會在新創上所獲得的回報有差距，兩者的差距比現有補貼還要大很多。據布魯姆和賴南估計，研發上的社會回報率是百分之三十八，幾乎是民間回報的兩倍。這就造成爭議。美國不僅投資研發不足，我們目前的投資研發水準，差不多只有社會最優水準的一半。經濟政策的教訓很容易懂，目前美國給公司行號研發開銷的稅額減免（tax credit），遠遠小於該有的。聯邦政府必須更加支持科學和工程學方面的學術研究，特別是增加對民間的研發投資。這種投資是扎扎實實的，要能物超所值。政府的其他層級也應該各司其職。由於知識外溢的收益有一部分是在地方上——幫助特定社區而非其他社區——應該將成本加以充分分配，各州政府和地方政府也該分攤補貼。

耐人尋味的是，並非所有的發明家都有資格獲得同樣程度的津貼。布魯姆和賴南聚焦在某些特定的企業，發現有些公司比其他公司產出更多的社會回報率。電腦與通訊業公司所帶動的社會回報率要比製藥公司更大。製藥業的研發通常會重做其他企業已經在做的，而且相當常見的是，多家公司競爭治療同一個症狀的某種藥物專利。在這種競爭裡，贏家囊括了好處，其餘的人最終落得浪費寶貴資源的下場。這種商業竊取效應很容易降低製藥研發的社會價值，同時也意味著，減免這類產業的研發稅額，少徵收一點。

美國經濟的第二個根本問題，簡直一言難盡。美國並沒有創造足夠的人力資本。過去三十年來，美國始終無法大幅增加大學學歷青年的比例。企業——特別是那些新創產業裡的——越來越覺得很難僱用具備正確技能的員工。同時，勞工正遭受收入急遽增加所造成的貧富不均。兩個問題都反映出美國在人力資本與供應之間的嚴重失調。

最近我們聽到許多關於美國教育危機的言論。但在此我要主張的，不僅僅是道德方面的問題，雖然我的確認為應該設法讓我們的孩子接受第一流的教育。我要說的是務實面的問題，攸關我們是否想要第三個美國——市中心被掏空、高犯罪率、低薪又不長壽的美國——變成唯一的美國。

為什麼貧富不均和教育有關

對於來美國遊玩的歐洲人而言，最令人心滿意足又鼓舞人心的一面，就是沒有強烈的社會階級。即便現今階級概念仍在英國和（恐怕絕大多數居民都會不痛快地加以否認）法國這樣的國家滲透。藍領勞工對其在社會中的地位，感受與白領專業人士截然不同。這點當然會影響到他們對自我的感受，也會影響他們的志向和政治意向。相反的，階級概念在美國孤掌難鳴。事實上，接受民意調查時絕大多數美國人——年薪兩萬到三十萬的皆然——都會回答他們屬於中產階級。我始終認為這點是舊世界和新世界之間最根本的一個

【表7-1】依教育程度不同的平均男性鐘頭薪資（2011年，單位：美元）

	一九八〇	二〇一〇	百分比變化
中輟生	$13.7	$11.8	–14%
高中學歷	$16.0	$14.8	–8%
大學學歷	$21.0	$25.3	+20%
大學以上	$24.9	$33.1	+32%

附註：數據包括二十五至六十歲的全職勞工。

文化差異，這樣一個差異，使得美國人具有強烈的企業家精神，它也是造成面對貧富差距與再分配問題時，態度有所分歧的原因。

可是，不論美國人的自我認知為何，收入程度的差距不斷擴大。如本書所述，這個擴大具有強烈的地理因素，同時也是技能導向。【表7-1】顯示，全職男性勞工的鐘點薪資，自一九八〇年以來，按著他們的教育程度而改變。今天，高中學歷和高中以下學歷的男性，薪水比他們在一九八〇年時低。相反的，大學學歷勞工的薪水卻大幅增加。其增加的數字甚至比碩士或博士學位勞工還要多。

「大學文憑薪資溢酬」（college wage premium）——高中和大學學歷勞工間的薪水鴻溝——是勞動經濟學家們最常用來追蹤勞動市場不平等的依據標準，因為它最能捕捉到典型有技能勞工與典型無技能勞工之間的差異性。一九八〇年時的「溢酬」相對小——只有百分之三十一——可是從此往後每年都在增加，如今已是一九八〇年時的兩倍。倘若論及在其他方面補貼的百分比，這個差距甚至更高，大學畢業生很容易找到雇主支付健保和其他優渥的房屋津貼。

貧富差距如今是個熱議題。有個廣為流傳的誤解是，美國的不平等全都是金字塔頂端百分之一和其餘百分之九十九之間的鴻溝造成的。雖然超級富有讓人有無限遐想，但他們的所得卻不是造成這些數據的主要因素。這些數字並未反映出我們與紐約第五大道上坐擁頂樓豪宅的百萬富翁、或手握百萬股票選擇權的科技新貴間的差距。相反的，這些數字反映的是典型大學畢業生和典型高中畢業生之間的差異：做著尋常工作、家庭平凡、繳著各種貸款的凡夫俗子。即使把所有執行長和金融家從數字裡剔除，這張表格也不會有太大的變化。美國今天最大的不平等，不在於數千計的企業鉅子。誠然，他們的財富占比增長是個問題，其重要程度卻不如教育造成的快速差距；四千五百萬大學學歷勞工與八千萬低學歷勞工間差距日增。我們即將發現，這種差異才是真正影響大家生活——人們的生活水準、家庭穩定性、健康，甚至下一代健康的禍首。

另一個誤解是，貧富差距的加劇，泰半起因於太過深思熟慮的經濟政策：最低薪資的真正價值衰退，以往捍衛低薪勞工的工會等制度式微，還有，普遍傾向放鬆管制（deregulation）。但是審慎解讀這份數據會發現，制度上的因素只是次要影響力。貧富差距在過去三十年來，一直都在歐洲、亞洲和美洲各地增長——每個地區都有不同的勞動力市場制度、規章、賦稅政策、工會介入及最低薪資的各種標準。在美國，貧富差距在最低薪資很高的藍州和在最低薪資很低的紅州，都同樣增長，而大多數的產業都是，不論工會比例高或低都一樣。

事實上，貧富差距的趨勢，反映出越來越深層也越來越結構性的作用力。最近有一份大規模研究顯示，供需變化是對這些趨勢的最好解釋——換言之，對大學學歷勞工的需求增加，但供應量卻減緩。哈佛大學經濟學家賴瑞·卡茨（Larry Katz）和克勞蒂亞·戈爾丁（Claudia Goldin）曾調查，二十世紀以來的供需狀況，發現本世紀裡絕大部分的時間，供應量都超過需求量，這使得薪資不平等的失衡狀態受到控制。美國人上大學的比例在一九五〇至一九六〇年代迅速激增，因此，大學和高中畢業生所得的鴻溝保持穩定或衰退。可是在過去四十年間，需求量大增，失衡狀態也暴增。需求量失衡的情形尤其對男性最顯著：從一九八〇年到今天為止，大學學歷男性白人（年紀介於二十五至三十四歲間）增長幾乎少得可憐，只從百分之二十二上升至百分之二十六。所幸，女性的數據看起來好一點：雖然她們起步慢，但近年來再度迎頭趕上。時至今日，最近擁有大學學歷的有六成是女性，僅四成是男性，這是自一九八〇年以來最顯著的變化，當年情況正好顛倒。兩位哈佛經濟學家認為，如果大學學歷者自一九八〇年來數量的增長，能與早期的比例相當，那麼美國的貧富差距將會降至過去三十年的水準，不會加劇。

對此該如何是好？我們知道有技能勞工之所以需求量增加的原因：科技進步、全球化、外包，還有傳統產業式微轉移。而我們也看到轉向由人力資本引發的概念主導經濟，對美國有益。因此，對技能勞動力需求量的暴增，政府幾乎不能也不該加以限制。再者，我們是可以做相當多的努力來增加其供應量。

不妨暫退一步來看，有技能勞動力的供應量減緩，著實讓人困惑。既然大學學歷勞工的薪水，已較低學歷勞工的增長多那麼多，為什麼沒有更多青年利用這個優勢，躋身大學之門？遇到這個問題時，標準回應全都歸咎於大學學費高漲：一九七〇年代時大學是平價的，但從那時起，私立和公立學術機構的費用扶搖直上。耶魯大學的學費從一九八〇年的六千兩百一十美元，漲到如今的四萬零五百美元。柏克萊的學費從一九八〇年的七百七十六美元，飆升到今天的一萬三千五百美元，其漲幅更高。這些都不是例外。美國典型大學的學費，在過去三十年來已經增長了十倍，遠遠多於經濟方面絕大部分商品或銷售服務。這是問題的根源嗎？

十七歲的年輕人多數會認為，上大學可以搬出父母家、體驗新人生，偶爾還能酩酊大醉一場。不可否認，經濟學家乏味至極，往往單純以金融用語來看待人所做的決定。一九六四年芝加哥大學的經濟學家蓋瑞・貝克（Gary Becker）寫了《人力資本論》（*Human Capital*）一書，榮獲諾貝爾獎。書中的中心思想淺顯易懂卻震撼人心。決定要上大學在其立論要點當中，重要性不亞於其他的投資決定。買「國庫債券」（Treasury Bonds，通常簡稱 **T-Bonds**，中文簡稱國債）時，你先付了款項，然後慢慢領取一連串的收益。貝克指出，上大學情況大致相同。二〇一一年的預付費用相當高。把學費成本及放棄可以工作四年所得的薪水都納入考慮當中，總投資金額逼近十萬兩千美元。

這是一大筆數字，不過收益更大。【圖 7-1】將典型大學學歷和高中文憑勞工一生中所賺取的薪資做了比較。兩者的最大差距是在二十二歲時，此後隨時間越來越大。到了四十歲時到達高峰，那時大學學歷勞工平均差不多有八萬美元年薪，相較之下，高中畢業生平均是三萬美元。倘若一個十七歲的青年決定要上大學，可預期他一生所賺的將超過百萬美元。假如不上大學，他只會賺到一半不到的錢。

大學不僅是個好投資，也是所有投資中最棒的。以十七歲年輕人的父母為例，就有說服力了。如果父母不花費十萬兩千美元給女兒上大學，而是將十萬兩千美元換成股票或國債，那麼是上大學好，還是爽拿金融投資的收益好？格林斯通和魯尼兩位專家將大學學歷與其他金融投資做了比較，發現很難找到哪項投資有比這個更高的報酬率。投資大學文憑能帶來超過百分之十五的「通膨調整」（inflation-adjusted）年收益，比起有史以來任何股票報酬率（百分之七）和債券、黃金、房地產（全部低於百分之三）都來得高。大學是聰明投資人應該擺放資金的部位，甚至無須擔憂風險。結果會是，投資在人力資本上不僅有較高的報酬率，往往也比其他投資更安全。若大學是一支股票的話，它會是華爾街的寵兒。

尤有甚者，大學學歷的優勢並不局限於財務上的收益——它們還延伸

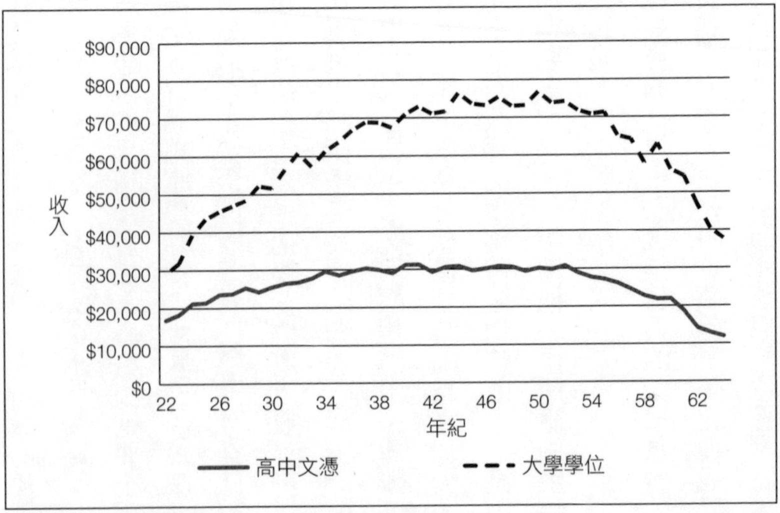

【圖7-1】依年齡與教育程度的年收入統計

資料來源：邁克爾・格林斯通（Michael Greenstone）和亞當・魯尼（Adam Looney）www.brookings.edu

到健康、婚姻及生活各方面。經濟學家珍妮特．嘉瑞（Janet Currie）和我針對典型的兩百萬名人母樣本做調查，發現學歷高的人母比較容易結婚：百分之九十七大學學歷的人母在生產時都是已婚的，而高中中輟生僅百分之七十二的人母是已婚身分；在已婚人母當中，前者族群的丈夫收入較後者的高相當多。好學歷的優勢不僅是個人的收穫，也庇蔭給了她的孩子。我們發現，大學學歷的人母只有百分之二在懷孕期間抽菸，而高中程度的人母有百分之十七是癮君子，中輟生的比例更高達百分之三十四。大學學歷的人母很明顯比較不容易早產或誕下體重不足的嬰兒，這兩項都足以影響日後的健康問題。大學學歷父母所生的子女不僅比較健康，本身也會接受到較好的教育，又再進一步增進其健康與收入。請注意，更重要的是，之所以交互解釋這些差異，根據的不單是大學學歷婦女上大學前就養成良好習慣，而是教養及其他社會經濟因素所致。這些差距反映出它們的成因，因為我們觀察到，在居住的郡裡若新大學設立之後，婦女就會大為獲益，但之前卻沒有。

和經濟學家蘭斯．洛西納（Lance Lochner）共事時，我也發現教育還能帶來額外的好處：降低犯罪活動。在白人男性當中，教育程度高的人，因認罪受到監禁的可能性顯著下降，這個作用對非裔美國人甚至更大。有趣的是在這個例子裡，教育不僅嘉惠受教育的個人，也擴及社會整體。

毋庸置疑，教育對個人、家庭和社區有各種好處，且可能是世上最好的投資。因此，更多美國青年不上大學，令人萬分驚訝。究竟是何因素限制了美國人力資本的擴充？

有個阻礙是，許多家庭很單純就是沒有或無法借貸到足夠先付出去的教育費用。一般來說，若有人想做個好投資但缺少現金，他會去找一家銀行貸款。每年數以百萬計的小型企業都是用這種方式誕生的。然而，這一點卻是投資在人力資本上迥異於其他投資之處。創辦企業通常也要投資在可以做為擔保品的商品上，比方說機械設備或房地產。相反的，人力資本卻完全是非物質的東西。這可以解釋民間產業為何不跳進來幫助大家去上大學。試想「避險基金」（Hedge Fund，又稱對沖基金或套利基金）的做法，如果不投資現有的企業，而是去投資青年教育，等他們進入勞動市場時再從他們較高的薪水中收取部分做為報酬。有一家社會企業「路鼐」（Lumni）一直致力於此。它已經招募到一千五百萬資金來融資給美國和拉丁美洲低收入學生受教育。沒有擔保品，很難看到它的這個商業模式規模能擴大。路鼐確實要求學生在畢業後十年要從收入中償還固定比例貸款，但這幾乎是道義上的義務，實際在操作上，想強制執行的話，所費不貲又耗時。所以民間產業的參與始終低迷，因此政府會提供補助貸款給值得接濟的學生。但對於貧戶的低大學入學率，信用限制（credit constraints）的影響力究竟多大，經濟學家意見莫衷一是，不過很清楚的是，這點對很多家庭是個重大因素。

第二個絆腳石，是美國地理分歧在教育線上日益加劇。如前所述，家庭擁有大學學歷的成年人，越來越多會和其他大學學歷的人成為鄰居，而高中學歷的人越來越常與高中學歷者為鄰。這點影響下一代甚鉅，因為同儕影響很可能是上大學的重要決定因素。孩子和無意上大學的朋友為伍，比較不願意上大學；和大學掛同儕為伍的孩子則相反。這種社會乘數必然會加劇社會經濟不同的族群間，在教育程度上的差距。[1]這就帶到最重要的因素：早期教育。諾貝爾經濟學獎得主詹姆士．赫克曼（James Heckman）長期以來主張，技能積累是一個動態過程，「技能和投資是相生關係的。早期投資會促進日後技能。」為了真正了解對大學教育的投資不足，我們必須往前推回高中時期，甚至更早。如果不從投資孩子開始，大學將永遠是個遙不可及的夢想。

1 作者註：第三個因素是大學畢業生面臨較高的生活開銷，前面曾討論過。我們看到大學畢業生的工作，往往集中在昂貴的大都會區，而高中畢業生的工作都集中在較負擔得起的地區。這使得投資上大學雖比其他投資項目來得好，但有一點不如表面上那般吸引人。

數學競賽

最近參訪矽谷高科技公司時，我問出生於印度、工程師出身的益華電腦執行副總裁莫迪，為什麼公司裡絕大多數的工程師都是外國人。他回答：「美國出生的工程師不足，因為高中教育所致。問題全出在美國高中不強調高科技教育。」他非常憂慮，補充道：「我每天都在對自己的兒子重申同樣的論點，他出生美國，但對數學毫無興趣。」

這個問題究竟有多嚴重，來看看「國際學生能力評量」（Programme for International Student Assessment，簡稱ＰＩＳＡ），這是在多個國家實施了十五年的數學與科學標準測驗。由於所有學生都使用同一套考卷，所以這個測驗可以比對出全世界學生的數學和科學能力（數學與科學可說是新創產業的兩大關鍵要素）。請參見【表 7-2】，其結果相當令人苦惱。排行第一的是上海（和中國其餘地區分開測驗），緊跟在後是芬蘭、香港、新加坡和好幾個富庶國家，包括日本、加拿大和澳大利亞。真是令人震驚。雖然上海屬於開發中國家的一員，但那裡的學生表現得比全世界的富庶國家都出色，就連治理有方、同質性很高的北歐國家也望塵莫及。名列前茅的榜單底下，是其他的歐洲國家，包含荷蘭、德國和英國。敬陪末座的是貧窮國家，如突尼西亞、祕魯和印尼。美國的名次不上不下，擠在匈

【表7-2】二〇〇九年特定國家的「國際學生能力評量」（PISA）成績

	數學	科學		數學	科學
上海	600	575	丹麥	503	499
芬蘭	541	554	法國	497	498
香港	555	549	冰島	507	496
新加坡	562	542	瑞典	494	495
日本	529	539	奧地利	496	494
南韓	546	538	葡萄牙	487	493
紐西蘭	519	532	義大利	483	489
加拿大	527	529	西班牙	483	488
愛沙尼亞	512	528	俄國	468	478
澳大利亞	514	527	希臘	466	470
荷蘭	526	522	土耳其	445	454
列支敦斯登	536	520	智利	421	447
德國	513	520	塞爾維亞	442	443
中華臺北	543	520	保加利亞	428	439
瑞士	534	517	羅馬尼亞	427	428
英國	492	514	烏拉圭	427	427
斯洛維尼亞	501	512	泰國	419	425
澳門	525	511	墨西哥	419	416
波蘭	495	508	巴西	386	405
愛爾蘭	487	508	哥倫比亞	381	402
比利時	515	507	突尼西亞	371	401
匈牙利	490	503	阿根廷	388	401
美國	487	502	印尼	371	383
捷克	493	500	祕魯	365	369

資料來源：經濟合作暨發展組織

牙利與捷克之間，還遠不如波蘭、斯洛維尼亞和臺北。在數學項目上，美國其實吊車尾，而不是前段班。同樣令人失望的結果也出現在閱讀與寫作能力、解決問題等測驗上。這不僅是教育品質差而已。根據「經濟合作暨發展組織」（Organization for Economic Cooperation and Development，簡稱OECD）和其他三十個已開發國家相比，美國在教育成績方面的排名是十一。

同樣令人煩惱的是，國際學生能力評量的成績，程度不均。美國是成績最高和最低之間差距最大的一個國家，和巴西、印尼、墨西哥等國並列。美國的制度不但讓普遍的學生失敗，也讓絕大多數的學生失利。這點削弱了我們奠定社會根基的社會公約：「不言可喻的機會平等，不論家庭出身背景。」

對這些煩憂數字的反應，多是假裝它們一點都不重要。畢竟，美國仍然擁有全世界最傑出的研究型大學；畢竟，新創產業最終仰賴於大學畢業生和那些碩博士學位者貢獻的重大成就。但是這個看法很短視。赫克曼在一系列研究裡主張，美國國內的高中中輟生，是造成近年來大學學歷勞工成長減緩的一個很大因素。綜觀二十世紀前半葉，每個新世代高中畢業的可能性都比前一代高。一九六〇年代時，高中畢業生的比例約是八成，然後開始下滑，雖然減少量受到抑制，但今天的比例已不如一九七〇年時驚人。當年，我們的高中

（及大學）畢業生比例可謂是全球之冠。如今已被其他國家狠拋腦後。基本上，論及高中教育，過去四十年來已經錯失了大好機會。赫克曼寫道：「自從一九七〇年開始，高中生比例遽降，已經降低了大學生的比例，還有美國勞動力的技能水準。為了增加未來勞動力的技能水準，美國必須正視日益增長的中輟生這個大問題。」中輟生增加的比例極可能會導致生產力越來越低、未來貧富差距越來越大。顯然，除非美國大刀闊斧增加大學學歷的有技能勞工數量，否則美國人力資本的供應量遠趕不上需求，那麼社會的不平等就會持續升高。

貧富不均也非唯一問題。新創企業越來越難找到有適合技能的勞工。不僅是因為我們出產的大學生數量不足，也沒有出產對的技能種類勞工。有經濟學家指出，過去二十五年來，視覺與表演藝術專長的學生數已增長了兩倍；電腦科學、化工和微生物學的學生數量卻只是持平，甚或負成長。近期，我與分析家見面時，這位3M公司的執行長喬治·伯克利（George Buckley）抱怨說，他想僱用更多科學家和工程師，卻無法在美國人當中找到人。開拓重工（Caterpillar）的執行長道格·奧伯赫曼（Doug Oberhelman）講得更露骨：「我們找不到符合資格的生產線鐘點工，同樣的，我們也需要很多技術、工程服務方面的技師……基本上，美國的教育制度並未賦予他們技能，而我們必須再培訓每一位僱用的人。」這點很清楚損及了美國的生產基礎。在近期的一項調查裡，生物科技業的執行長們有百分之四十七都說，缺乏有技能勞工是他們對未來的前三大憂慮之一。我曾從無數的矽谷人力資源經理們那裡聽過同樣的抱怨。但縱使美國在國際學生能力評量成績不佳，令人驚訝的是，矽谷居然不是坐落在新加坡或斯洛維尼亞，而是加州。

想提振美國的人力資本有兩種方法。一是大幅改善教育品質——特別是高中數學與科學——以便增加美國大學畢業生的數量。第二種方法是，從海外輸入人力資本，允許有技能移民遷居這裡。兩者都能發揮作用，可是它們涉及不同的財務承擔，會給美國社會未來帶來極度不同的影響。

移民來的發明家

聰明又高度自我鞭策的個人，出生在美國的百分比和出生在其他地方的一模一樣。可是，聰明又自我期許高的人，在美國工作的百分比卻可能比較高。美國極重要的優勢之一，始終都是它有能力吸引靈巧又雄心萬丈的外國人上岸。這種能力大多是文化上的，因為幾乎沒有其他的社會對接收這麼多的外國人，在態度上如此開放。但這種能力也根深柢固在經濟裡。雖然美國實際上放棄對本土勞動力加以適當的教育，但仍舊獎勵技能，因此有才能的移民才會願意來到美國。美國的新創中心是一大塊磁鐵，能吸引勤奮工作的外國企業家與科學家，這一點反映出，美國的傑出勞工——付出更多努力以求結果更好的那些人，或更有創造力能產出更好點子的那些人——比較容易受到認可與獎勵。

在其他國家卻不然。舉例來說，中歐的勞工動機就不同。死板的工會合約限制了薪水、工作時間和升遷。決策制訂是分層負責的，升遷通常取決於年資，晉升要等很久（降職也是）。雖然薪水差距很小，但是努力與能力不太可能受到獎勵。如果你是低於平均值的勞工，歐洲會提供較好的保障。但假若你才華格外出眾，美國會給得更多，你的事業會更快速進展、薪水會相當可觀地水漲船高。在所有工業化國家中，美國在教育程度上給得回報最高；稅前如此，稅後也是，因為稅率在其他大多數國家中都比較高的。顯然，美國的勞動市場對聰明的傑出人才吸引力十足。

因此，一點也不足為奇，越來越多身懷絕技的人來到美國。大學學歷和擁有研究所學位的移民，自一九八〇年以來，百分比顯著增加。過去十年，這股趨勢更是直衝天際，因為低技能移民的累計數量下降，而高技能移民持續強勢增長（在二〇〇八至二〇一一年經濟衰退期間，由於美國勞動力市場的普遍衰弱，兩個族群的規模都大幅縮減）。今天，移民顯然比美國人更容易擁有博碩士學位，這個事實始終未在移民爭議裡受到注意。同時，美國人擁有四年制大學學歷的機率也跟移民一樣。（不過，移民也被認為更容易屬於教育程度低的一群。因此，相較於本土美國人，移民人口更明顯兩極化。）

全國有技能移民的百分比持續增長，這股趨勢在美國各地也有非常大的差異。有些城市吸引了擁有研究所學位的高學歷專業人士，有些則吸引沒受過教育的勞動工人。在前者裡，移民通常比美國人的教育程度高，因此他們的移入會增加社區裡的人力資本。在後者，移民通常比美國人教育程度低，因此他們的遷入降低了人力資本的平均值。介於兩者之間的城市，則移民和美國人教育程度相當。恰如有「三個美國」，移民也有「三個美國」。

【圖 7-2】資料出自布魯金斯學會的研究，圖表可以看出大學移民數量比高中學歷移民多百分之二十五的分布情況，還有兩者比例相反的城市。紐哈分、明尼亞波利斯、費城、舊金山、華府、紐約，都是高技能移民的目標城市。驚人的是，這些城市同時也包括一些原本是製造業中心的地區，例如匹茲堡、奧爾巴尼、水牛城和克里夫蘭。大體上，有四十四個大都會區多數吸引的是高技能移民，而有三十個城市吸引的多是低技能移民。後者包括了靠近西部和西南部邊界一帶的城市，像是亞利桑那州的鳳凰城、加州的貝克斯菲爾德、德州的艾爾帕索（El Paso）和麥卡倫，這些地方的移民沒上過幾年學或根本沒受

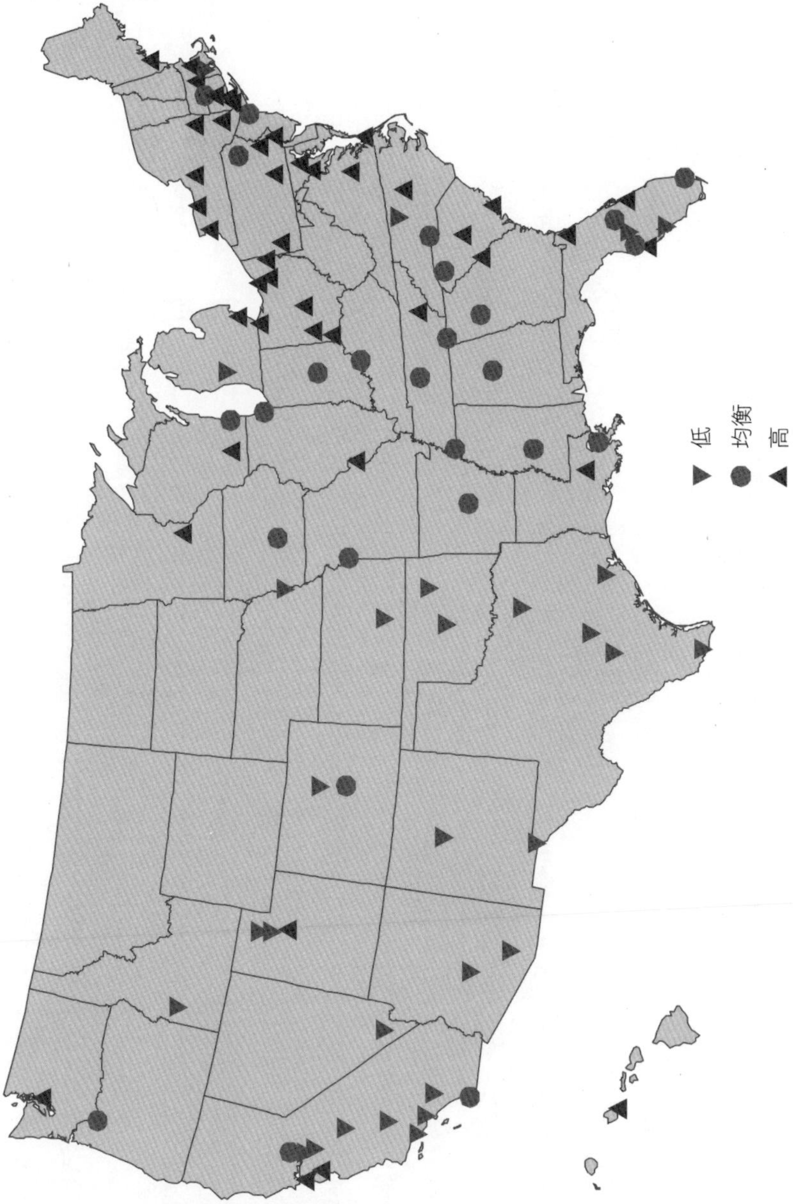

【圖7-2】各大都會區移民教育程度

資料來源：Hall, Singer, De Jong, and Roempke Graefe, www.brookings.edu

過教育。其中還包括了北美大平原的幾個大城，比方說奧克拉荷馬市（Oklahoma City）、奧馬哈、土桑（Tulsa）和威奇托（Wichita）。這些城市的差異在過去三十年間持續惡化。驚人的是，即使是移民之間，巨大的分歧一樣越演越烈。

地理上的這些巨大差異，既是新創產業差異的肇因，也是結果。新創中心吸引高學歷移民，是因為他們能找到工作。同時，如果增加地方上的人力資本，高學歷移民也會使新創中心的產能更高也更具創造力。二〇一〇年，珍妮弗·洪特（Jennifer Hunt）和瑪裘蘭·高蒂爾·洛伊塞勒（Marjolaine Gauthier-Loiselle）發表了一份審慎分析，關於過去六十年來美國各州所產出的專利發明數量，與有技能勞工的流入量進行比較。他們發現，那些大學學歷移民激增的各州，同時也是專利發明量收益最大的幾個州，其效應相當可觀，外國裔大學畢業生數量每增加一個百分點，人均專利發明就會增加九到十八個百分點。這麼大的影響力，可解釋為高技能移民直接對新創做出的貢獻多過本國人，因為他們取得專利的速度是兩倍。此外，因為提高了當地的人力資本，高學歷移民有助於各州維持活力充沛的新創中心，並促進知識外溢所需要的關鍵質量。因此，移民流進一步強化了過去三十年來日益增長的美國社區分歧。

直到近期前，還難以衡量不同種族對新創的貢獻度，因為專利局並未追蹤這件事。可是在二〇一一年時，哈佛商學院經濟學家威廉．克爾（William Kerr）採用了民族數據庫，類似行銷專家評量究竟哪個民族特點對美國科技發展最有貢獻的數據資料。基本上，如果發明家的姓氏是張，克爾就會給他標上華人的註記；如果姓氏是古普塔（Gupta），就會註記為印度人。他發現，在一九九〇年代期間，民族發明家所獲得專利認證比例，特別是華裔與印度裔，驚人激增。民族發明家的專利集中在高科技產業，比方說電腦和醫藥，而美國科學家泰半集中在傳統製造業領域。

現有的研究顯示，移民是美國科技發展成長的肇因。我非常熟悉這些統計數據，因為多年來我一直在追蹤研究。但是，真正在矽谷造訪高科技企業時，你才會真正大吃一驚。任何質疑移民在美國經濟發展裡扮演角色的人，都應該看看這些企業中的任何一家；在它的公司餐廳吃一頓午餐、和員工說說話吧！那裡才是你真正了解美國新創產業有多大比例是由非美裔美國人創造出來的。

工作與簽證

一九九〇年代時，百萬餘蘇聯移民來到以色列，他們絕大多數都是高學歷。縱使以色列本身也有一定人口，但這件事對人力資本帶來史無前例的增長。雖然以地方製造業來說，影響令人失望，但高科技產業引領了一次產能與創新的重大躍升。同樣的模式也出現在其他技能人士的大量移民個案裡。一九九七年七月，英國將香港交還中國。因為擔憂中國統治下的日子不好過，數以千計的香港居民——很多都是高學歷的富裕人士——在移交的隔年都搬去溫哥華。雖然初期有些難以避免的文化緊張，而且不是所有華人都留了下來，但溫哥華還是因為這些遷入者，讓人力與金融資本上都大有斬獲。移民帶來了他們的積蓄，當地經濟獲得了數億元的新投資。很多移民定居在高樓大廈裡，頗有家鄉高密度住宅的懷舊風情，更突然加速了城市中心的振興。這些改變幫溫哥華轉型成一個多元文化的全球大都會。

日本的經驗正好相反。日本的高科技企業在一九八〇年代時獨霸全球市場，可是他們在過去二十年來卻鋒芒盡褪，尤其是在軟體與國際貿易相關領域。對這個讓人錯愕的財富反轉現象，有眾多解釋，但最主要的因素是，和美國企業相比，日本企業只能僱用到非常少的軟體工程師，多半的原因就是缺乏移民。美國像塊磁鐵吸引大多數才華洋溢的外國裔軟體工程師，同時日本在法務、文化與語言障礙上，局限了全球人力資本流入日本，因此影響了其在多方面高科技重要產業的領導地位。如前所述，專業行業勞動市場的深厚程度是關鍵因素，足以決定新創產業的成敗。

今天，美國對移民議題的爭論忽略了一個重點：發給一個高技能移民簽證，並不代表美國公民就會損失一份工作。相反的，它意味著會有更多工作機會給美國公民。外國裔勞工對美國勞動市場做出了百分之十五的貢獻時，擁有博士學位的工程師裡，他們就占了三分之一。若沒移民，美國現在不會在科學領域獨占鰲頭。一方面，不會拿到這麼多諾貝爾獎。在美國工作的外國裔科學家，兩倍於美國本土的同儕拿到諾貝爾獎的機率，而且，在「美國國家科學院」（National Academy of Sciences）和「美國國家工程學院」（National Academy of Engineering）成員裡，他們的表現更為傑出。然而，不光是科學獎項與學術頭銜而已，對美國勞工更重要的是，有三成移民比非移民更容易開創事業，他們包辦了一九九〇以來四分之一創投支持的上市企業，還有三分之一營業額超過百萬的高科技企業。賈伯斯（他的敘利亞裔父親來美國攻讀博士學位）、楊致遠（雅虎的臺灣裔共同創辦人）和布林（谷歌的俄國裔共同創辦人）只是一些知名的移民個案，或是移民下一代創業，但他們一路發展成創造成千上萬新工作給本土美國人的大企業。

從這個角度來看，目前對移民的爭議看起來是誤入歧途，轉移到意識型態之爭，一方想要更嚴苛的法令，另一方要鬆綁。可是，關鍵問題不是在該給多少移民數額，而是要讓哪幾種移民進來。雖然經濟學家對其作用的確切嚴重程度仍爭議不休，但或許無技能移民更容易壓縮到本國無技能勞工的薪水，進而導致貧富不均惡化。不過，高技能移民所帶來的影響相對比較正面，尤其是對低技能美國人而言是如此。

我這麼說有三個理由。第一，高技能移民未直接與低技能美國人做競爭。事實上，兩者還彼此互補，也就是說前者的數量增加，極可能提升後者的產能。第二，企業比較容易因高技能移民的湧入，願意做更多投資，而這類新的投資可能會進一步提高低技能勞工的產能。第三，有技能移民會對當地產出重要的知識外溢，因為城市裡的高學歷人士數量一多，就容易強化地方上的經濟，從而創造當地的就業機會，並提升本國人的薪水。

原則上，這股影響很可能、甚至對有技能美國人也是正面的。顯而易見，高技能移民會和美國相對應的人士做競爭，而這一點往往會壓縮美國人的薪水。但是後兩種影響會在其他方面促進有技能本國人的薪水，因而抵銷了負面影響。無論如何，有技能移民數量大量增加，對降低薪資不均扮演了重要角色。總之，限制無技能移民的數量，不大可能對本國勞工造成重大負面影響，可是限制技能移民的數量則會帶來顯著的負面效應，對我們的低技能勞工影響甚劇。

洪特教授近期的研究找出了哪一種高技能移民最有可能對本國裔帶來好處。她詳細調查大學學歷移民抽樣，發現那些博士後研究和醫療專業人士，在帶動本土研究與專利發明上最為成功，而且表現之佳甚至超過本國人。相反的，因為家人而到美國依親的移民，表現程度與本國人則不相上下。

徹底改革移民政策，嘉惠大學、碩博士學位移民，是為了美國的自身利益著想。現下，美國工程學院裡有六成外國裔學生，他們往往無法留在美國。高科技業的許多人力資源經理曾告訴我，目前的美國政策是在限縮它們擴張。矽谷有一位人資經理說得露骨，她稱現行政策「可笑」，讓這些公司僱用合格高技能外國裔員工昂貴又耗時；那些人都有碩士學位，全是班上名列前茅的史丹佛或麻省理工學院的高材生。高技能勞工簽證稱為H1B，面對高科技公司的需求，政府給高技能勞工的這類簽證數量卻太少，而且在正規年度裡這類簽證一下子就被用完了。美國使用H1B簽證最多的企業之一是英特爾公司，它的一位雇主最近告訴我，通常要僱用律師事務所代辦，律師事務所再僱用法務助理於遞交申請書的聯邦政府辦公大樓前徹夜排隊，好讓國際申請書能即時送件。（因為勞動市場衰弱，二〇〇九至二〇一一年曾經是個例外，當時名額多過簽證申請書。）我的一位朋友（不想具名）擁有柏克萊的MBA，得到頂尖高科技企業的聘書，但卻必須嫁給她的美國伴侶來避免簽證到期，並保住差事。我們該做的是窮盡一切所能來留住這樣的人才，事實上，我們卻是拚命潑冷水讓她不能留下。我們有能力吸納全球人才是很重要的優勢，其他文化望塵莫及，但這個能力卻受到移民政策限制，阻礙了自身的經濟利益。

美國的選擇

二十世紀初，美國仍是個整體未開發的國家，歷史很短，文化較歐洲明顯差很多。在智識方面，柏林、巴黎、倫敦和羅馬儼然是西方世界的強者。它們視紐約和芝加哥只不過是個地方邊陲地帶，而美國其餘地區更是未開發的荒野，不值一顧。然而，約莫就在那時，美國把自己建設成眾所公認的教育領袖，在眾多工業化國家當中一枝獨秀；美國決定要辦普遍化的高中教育。相反的，歐洲國家——傳統上各方面都採取菁英主義——則落後了數十年。等到它們真的開始普遍教育下一代時，已經比美國落後，而且也沒那麼有遠大的抱負。

這種目光遠大的決策，意味著起碼在二十世紀的多數時間裡，美國在人力資本的投資上保有全球領先地位。哈佛大學教授戈爾丁和卡茨在新近發表的著作裡，稱二十世紀是「人力資本世紀」。比起其他國家的勞工，美國勞工的教育程度優秀許多，因此能成為全世界產能最高、最有創新力，也是最富企業家精神的國度。戈爾丁和卡茨提到，人力資本世紀之所以也是美國世紀，絕非巧合。美國從位居全球經濟強權的純樸邊陲地帶步步高升，全和勞工的優良技能息息相關。整個二十世紀的多數時間裡，美國在教育方面都是世界領袖。然而在過去三十年間，教育擴張的積極政策搖搖欲墜。美國的研究所和研究機構雖然仍是全球翹楚，但美國的小學與中學卻落後於許多歐洲國家和越來越多的開發中國家，同時，大學教育比例也減緩很多。

如果人力資本在二十世紀時對經濟繁榮舉足輕重，那麼在二十一世紀裡它甚至更重要。未來十年，能成功的社會必須是要能吸引、培育最有創造力的勞工與企業家。美國必須做出抉擇，要如何提升它的人力資本，在這個新興的經濟體裡維持競爭力。要供應美國新創事業所需的高學歷勞工，並同時降低技能與無技能勞工間的經濟差距，有兩個途徑。

一個途徑是，要徹底改革移民政策，嘉惠大學與研究所學歷的勞工。加拿大與澳大利亞已採行這種政策，該政策會增加美國的人力資本，美國納稅人卻無須付出什麼代價。與其教育出一個美國工程師，不如准許印度工程師移民到美國，這表示美國的企業可以運用對方的才能，而美國納稅人卻不需要負擔他的教育費用。美國基本上是受惠於印度，免費接收人力資本。替代途徑是教育美國人來增加人力資本。這個選擇雖然一時間要動用到美國納稅人可觀的花費，因為涉及到修改高中教育，且須大幅擴充高等教育，但這麼做最終會帶來相當長遠的好處，因為美國人的教育程度會變好，最後也因此會有個好工作。什麼都不做也是一個選項，只是糟糕透了。更糟的是，會造成發展停滯，而且經濟萎縮難以逆轉。

面對教育和移民該如何選擇，也不是中立的。對谷歌而言，根本無所謂其工程師是拿美國護照或印度護照，只要它能挑到最棒、最聰明的就行，但是對美國勞工卻影響至大。它意味著高科技的就業機會所帶來的龐大回報，不會流向美國勞工，而是給了印度人。雖然我們把新創產業的工作給高學歷的外國人，但留給自己的是乘數效應所創造出來的服務業。這個世界裡，華裔和印度裔工程師在庫帕提諾設計建構iPhone，而美國勞工做的是服務生、木工和護理師來支援他們。美國對教育所做的決定，是今天國家最重要的戰略決策之一。

在地的全球經濟體

正如同傑出的都市發展思想家珍・雅各五十年前所主張的，社區好比是大自然的生態系統，並非靜態的實體，而是有創造力、不斷演變的土地，隨著居民的心靈手巧而擴充或縮減。它們是人類生態系統，持續不斷地破壞與更新，最後都會催生出新事物。過去如此，如今亦然。在創造新事物的同時，創新也因此讓某些活動和職業被時代淘汰。這種創造力的電光火石不斷激發出珍．雅各所謂的「新工作」。這是她在一九六〇至一九七〇年代之間所寫的，因此她用的創新範例已經過時，可是她對於促進社會生機勃勃與繁榮的看法，時至今日依舊振聾發聵。創新發生在人們互動於一個富饒的都市環境裡，他們的理念出現意想不到的碰撞，開創出前所未有的某些事物。

我們生活在一個充滿自相矛盾的世界，有時很難理解，卻也魅力無窮。最耐人尋味的一個自相矛盾，就是我們的全球經濟越來越在地化。儘管坊間大肆宣傳連結程度激增、距離已死，但我們身在何地過日子和就業，卻比以往更顯重要。我們的絕佳思想仍來自日常中不期而遇的人，以及當下社會環境所帶來的刺激。我們重要的互動大部分都還是在面對面時產生的，而大部分珍貴的知識都是從認識的人中而非維基百科裡學到的。全世界的電話、網路流量和投資，絕大多數還是發生在當地。在家工作仍非常罕見。事實上，新創產業人士想肩並肩工作，相較於以往更覺得重要，視訊會議、電子郵件和Skype根本無用武之處。而且，商品與資訊輸送到全球每一個角落的速度越來越快，我們正目睹著一股倒轉的萬有引力，把一切都吸引到重要的市中心。全球化與在地化好比是一枚硬幣的兩面，經濟繁榮的祕訣與過往相比，更取決於在地社區。如近期將其網路事業搬到矽谷的以色列企業家雅尼夫．本薩頓（Yaniv Bensadon）所說：「確實，在網路上不論身在何處，我們都能把事情辦完，但最終工作還是人的事情。」

二十一世紀的這兩項主要趨勢——全球化和在地化的驟增——正在重新改造我們的就業環境與社區的根本結構，同時也在改造美國於世界中的角色。雖然我們不再是物質商品獨霸一方的生產者，卻一直都很努力要維持生產知識與新概念的主導地位。當務之急，是為了要成功，我們必須恢復團結並重新全力以赴。最重要的是，我們必須決定我們的未來想成為哪一個美國——不斷提高教育程度、產能與實效樂觀主義的美國，還是技能變差、勢力範圍萎縮又癱瘓的悲觀美國。我們站在有史以來重大的十字路口，未來十年的命運就在足下的一舉。雖然遭遇嚴苛的難題，但我們的實力無可匹敵；我們有超凡無雙的能力可以吸引並迎來世界各地最有創造力的人才，我們的工作場域活力充沛，而且我們的樞紐重鎮讓我們在這個新興的全球經濟體裡有個相當占優勢的起步。此刻，就全看我們要如何保住一切。

致謝

嚴謹的學術界經濟專家理當不該寫書——他們應該撰寫技術性論文。的確，寫論文是我過去十五年來的主要重心所在。不同於其他某些學科，經濟學領域不鼓勵寫通俗文章。之所以如此，有很多好理由，可是在針對勞動力與都市經濟學做了十五年研究之後，越發渴望觸及到閱讀我論文外更廣大的讀者。與麥特・卡恩（Matt Kahn）的決定性對話，加上一年特休，最後促使我開始執行一個思索多年的計畫，結果是一段很出乎意料的愉快經驗。在偶發情況下，耗時一年審視這份就業大局，激發出許多未來做研究的想法，讓我迫不及待想再度下筆寫論文。

這個寫作計畫成果之所以如此有趣，有個原因是，它讓我有機會和很多影響我思維的人士交談。於是趁著史丹佛大學經濟系與史丹佛經濟政策研究所的休假期間，我寫出絕大部分內容。感謝約翰・索文（John Shoven）教授的熱情款待，並撥冗幫我聯繫矽谷一些睿智的發明家。許多朋友和同事都給予我卓越的建議。特別是謝長泰、保羅・奧耶（Paul Oyer）、派特・克萊恩（Pat Kline）、喬瓦尼・佩里（Giovanni Peri）、傑西・羅史坦（Jesse Rothstein）、雅歷士・梅斯（Alex Mas）、麥克・雅恩（Michael Yarne）和威廉・弗羅（Willem Vroegh）幫忙審閱初期草稿（或是部分初稿），慨然給予發人深省的意見與建設性的批評。布魯斯・曼（Bruce Mann）與麥特・翁寧（Matt Warning）親切提供我西雅圖史的有用資訊。在整個寫作計畫裡，我受惠於多人的交談，尼克・布魯姆（Nick Bloom）、約翰・范・賴南（John Van Reenen）、賽維林・博倫斯坦（Severin Borenstein）、沃德・漢森（Ward Hanson）、馬克・布里洛夫（Mark Breedlove）、艾華・格拉瑟（Ed Glaeser）、雅克・羅華力（Jacques Lawarree）、傑瑞德・奧特勒（Gerald Autler）、馬克・貝布辛（Marc Babsin）、班・馮・察斯特羅（Ben Von Zastrow）、馬可塔基尼（Marco Tarchini）、艾華・米格爾（Edward "Ted" Andrew Miguel）、安東尼奧・莫雷蒂（Antonio Moretti），還有吉阿柯莫・迪吉歐吉（Giacomo De Giorgi）。亞歷克斯・沃林斯基（Alex Wolinsky）和喬依絲・劉（Joyce Liu）兩位極聰明、充滿好奇心又勤奮努力的柏克萊大學學生，給我優秀的研究協助，協助我校對文本。技藝精湛的地圖繪製設計師麥克・韋伯斯特（Mike Webster）繪製了第三章的地圖。

我的助理柔依・帕格納門塔（Zoë Pagnamenta）非常專業地引導我找到出版商。多虧了業界最傑出的編輯阿曼達・庫克（Amanda Cook），我才能找到霍頓米夫林・哈考特（Houghton Mifflin Harcourt）公司。她回饋給我豐富多元的意見，並協助我形塑內容，且同時有技巧地以詳細評論與大局觀點呈現概念。我的原稿編輯莉茲・杜瓦爾（Liz Duvall）更進一步進行了兩輪詳盡的編輯，提供了很多有益的意見。

尤其要向伊拉里雅（Ilaria）致謝。她總是滿懷樂觀，支持我去嘗試不同事物，即使我有一腔不可理喻的悲觀情緒拖延耽誤。而，她永遠都是對的。

國家圖書館出版品預行編目（CIP）資料

新創區位經濟：城市的產業規劃決定工作的新未來／恩里科・莫雷蒂（Enrico Moretti）著；王約譯. -- 初版. -- 臺北市：馬可孛羅文化出版：家庭傳媒城邦分公司發行, 2020.03
面；　公分. --（不歸類；MI1031）
譯自：The New Geography of Jobs
ISBN 978-986-5509-10-1（平裝）

1.勞動經濟　2.勞動市場　3.經濟發展　4.美國

556　　109000593

【不歸類】MI1031

新創區位經濟：

城市的產業規劃決定工作的新未來

The New Geography of Jobs

作　　者❖恩里科・莫雷蒂（Enrico Moretti）
譯　　者❖王　約
封面設計❖蔡佳豪
內頁排版❖張彩梅
總 編 輯❖郭寶秀
責任編輯❖力宏勳
特約編輯❖林俶萍
行銷業務❖許芷瑀

發 行 人❖凃玉雲
出　　版❖馬可孛羅文化
10483台北市中山區民生東路二段141號5樓
電話：(886)2-25007696
發　　行❖英屬蓋曼群島商家庭傳媒股份有限公司城邦分公司
10483台北市中山區民生東路二段141號11樓
客服服務專線：(886)2-25007718；25007719
24小時傳真專線：(886)2-25001990；25001991
服務時間：週一至週五9:00～12:00；13:00～17:00
劃撥帳號：19863813　戶名：書虫股份有限公司
讀者服務信箱：service@readingclub.com.tw
香港發行所❖城邦（香港）出版集團有限公司
香港灣仔駱克道193號東超商業中心1樓
電話：(852)25086231　傳真：(852)25789337
E-mail：hkcite@biznetvigator.com
馬新發行所❖城邦（馬新）出版集團【Cite (M) Sdn. Bhd.(458372U)】
41, Jalan Radin Anum, Bandar Baru Seri Petaling,
57000 Kuala Lumpur, Malaysia
電話：(603)90578822　傳真：(603)90576622
E-mail：services@cite.com.my
輸出印刷❖前進彩藝股份有限公司
初版一刷❖2020年3月
定　　價❖400元

ISBN：978-986-5509-10-1